제 가 먼 저 합 격 해 보 겠 습 니 다

2주 만에 바로 끝

# TORFL 1단계

## 어휘 · 문법

S 시원스쿨닷컴

# 토르플 1단계,
# 제가 먼저 합격해 보겠습니다!

안녕하세요, 시원스쿨 러시아어 대표 강사 김애리입니다. 우선 저와 함께 '토르플(TORFL)' 시험 1단계를 준비하게 될 여러분들을 환영합니다.

'토르플' 시험을 준비하고자 이 교재를 구매하신 분들은 이미 이 시험에 대해 잘 알고 계실 겁니다. 사실 예전에는 러시아어 전공생들만 토르플 시험에 대해서 알고 있었습니다. 토르플 시험은 러시아어 전공생들 중에서도 졸업 요건을 취득하려는 학생들이 아닌 이상 일부만 보는 시험이었는데, 응시자 수가 많지 않다 보니 다른 외국어에 비해 상대적으로 시험에 대한 정보나 자료가 굉장히 부족했습니다. 저도 대학생 시절 국내에 있는 자료가 너무 빈약해서 혼자 발품을 팔아가며 인터넷에서 자료도 검색해 보고, 주변 러시아인 지인들에게 다른 교재는 없는지 물어봐 가며 어렵게 자료를 구해서 시험 준비를 했던 경험이 있습니다. 물론 예전에 비해서는 러시아어에 대한 관심도 많아졌고 토르플 시험에 대한 수요도 늘어나 다양한 콘텐츠들이 출시되고 있지만, 여전히 타 언어에 비해 토르플 시험 관련 정보와 자료는 많지 않은 실정입니다. 예전에 힘겹게 자료를 찾아가며 토르플을 준비했던 수험생의 입장에서, 그리고 10년간 교육 현장에서 러시아어 학습자들에게 토르플을 가르쳐 온 강사로서, 어떻게 하면 조금 더 쉽고, 간결하고 세심하게 학습 노하우를 전달할 수 있을까 많은 고민을 하던 찰나에, 좋은 기회로 본서를 집필하게 되었습니다.

'먼저 합격 토르플 1단계 - 어휘·문법 영역'에는 토르플에 대한 전반적인 시험 정보와 유형별 문법 사항 등이 상세히 설명되어 있어, 학습자들이 시험에 대해 쉽게 파악하고 대비할 수 있습니다. 혼동하기 쉬운 어휘, 각 문법 사항별로 간단한 설명 및 문제 풀이로 구성되어 있어서, 개념 정리도 함께 하며 토르플 유형 문제를 풀어볼 수 있습니다. 특히 어휘 영역에서는 한국어 해석 때문에 오답률이 높은 어휘를 명사, 형용사, 동사로 자세하게 구분해 정리했고, 각 어휘에 따른 예문도 함께 수록해 의미 차이를 더 명확히 이해하고 더 빨리 암기할 수 있을 것입니다. 또한 실제 시험 난이도로 구성된 165 문항의 실전 모의고사 및 답안지도 함께 수록해 시험을 보기 전 실전 모의고사를 통해 응시자들이 본인의 실력을 테스트해 보고 시험 시간을 어떻게 잘 분배해 활용할 수 있을지 가늠해 보는 데 도움이 될 것입니다. 1강부터 26강까지 개념 정리 및 유형 대비 문제를 먼저 풀어 보고 충분히 숙지한 뒤, 시험 시간(60분)에 맞춰 실전 모의고사를 풀고 정답지에 마킹하는 연습까지 해 본다면 실제 시험에서도 높은 점수로 합격할 것입니다.

토르플 1단계는 학습 과정이 아주 수월하다고는 할 수 없는 중급 수준이지만, 차근차근 대비한다면 독학으로도 충분히 합격할 수 있는 단계입니다. 물론 '어휘·문법, 읽기, 듣기, 쓰기, 말하기' 총 다섯 가지 영역을 모두 응시해야 하기 때문에 응시자들이 부담을 가지기도 하지만, '먼저 합격 토르플 1단계 시리즈'와 함께 열심히 공부한다면 본인이 원하는 바를 충분히 이룰 수 있을 것입니다. 본 교재가 토르플을 준비하시는 응시자들에게 시험 합격에 한 발짝 더 나아갈 수 있는 길라잡이가 되길 바랍니다.

마지막으로 '먼저 합격 토르플 1단계 어휘·문법'을 집필하는 데 많은 도움을 주고 응원과 애정을 보내준 시원스쿨과 지인들께 진심으로 감사의 인사를 전합니다.

토르플 시험을 준비하는 모든 분들에게 좋은 결과가 있으시기를 바랍니다!

Удачи вам!

저자 김애리 (Arisha)

# 목차

## 정답 및 해설

## 무료 학습 부가자료

• 먼저 합격 토르플 1단계 어휘 & 표현집 PDF

\* 모든 MP3와 PDF 자료는 시원스쿨 러시아어 사이트(russia.siwonschool.com)에서 쿠폰 번호를 입력한 후 무료로 이용 가능합니다.

# 교재의 구성과 특징

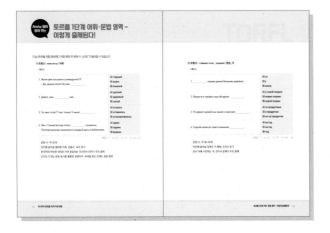

## 각 영역별 문제 유형 소개

토르플 1단계 어휘·문법 영역의 문제 출제 유형을 철저히 분석하여, 각 유형별로 전략적인 학습이 가능하도록 구성했습니다.

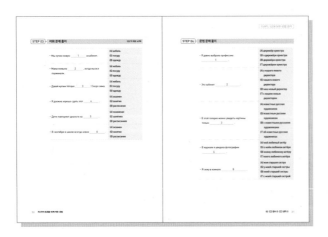

## 어휘 학습과 문법 개념 설명

토르플 1단계 어휘·문법 영역에서 자주 출제되는 필수 어휘를 제공하고, 주요 문법 내용을 개념부터 꼼꼼하게 설명합니다.

## 각 유형별 실전 연습 문제

최신 출제 경향을 반영한 다양한 유형의 실전연습 문제를 집중적으로 풀어 볼 수 있도록 구성했습니다.

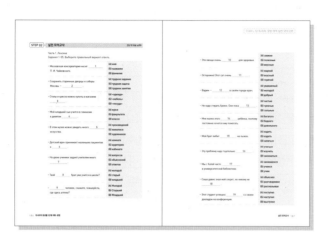

## 실전 모의고사 1회분

실제 시험과 비슷하게 구성된 어휘·문법 영역 실전 모의고사 1회분을 통해, 실전 감각을 키우고 막판 실력 점검까지 가능합니다. 교재에 수록된 답안지에 직접 답변을 기입하면서, 실제 시험을 치는 것처럼 연습해 보세요.

## 요점 정리 및 필수 표현 정리

토르플 1단계 어휘·문법 영역을 대비하기 위해 꼭 알아 두어야 할 요점과 필수 표현들을 정리해서 제공합니다. 매 과마다 제공하는 요점 사항과 필수 표현을 보면서 복습까지 탄탄하게 마무리 해 보세요.

## 저자 유료 직강 제공

토르플 1단계 어휘·문법 영역 대비를 가장 효율적으로 할 수 있도록, 러시아어 No.1 강사의 노하우가 고스란히 담겨 있는 유료 직강을 제공합니다.

* 저자 유료 직강은 시원스쿨 러시아어 사이트 (russia.siwonschool.com)에서 만나 보세요.

# 토르플 시험 기본 정보

## 1. 토르플(TORFL) 시험이란?

토르플(TORFL)은 'Test of Russian as a Foreign Language'의 약자로서 러시아어 능력 시험을 뜻합니다. 러시아 연방 교육부 산하 기관인 '러시아어 토르플 센터'에서 주관하고, 외국인을 대상으로 러시아어 능력을 평가하는 시험입니다. 기초/기본 단계에서 4단계까지 총 여섯 단계로 나뉘어 있으며, 시험 과목은 어휘·문법, 읽기, 듣기, 쓰기, 말하기 – 총 5개의 영역으로 구성되어 있습니다. 현재 토르플은 러시아 내 대학교 또는 대학원의 입학 시험, 국내 기업체, 연구소, 언론사 등에서 신입 사원 채용 시험 및 직원들의 러시아어 실력 평가를 위한 방법으로 채택되고 있습니다.

## 2. 토르플(TORFL) 시험의 구성과 특징

### ☑ 토르플 시험 영역

토르플 시험은 어휘·문법, 읽기, 듣기, 쓰기, 말하기 – 총 5개의 영역으로 구성되어 있으며, 응시자의 러시아어 능력에 대한 종합적인 평가가 이루어집니다.

| 어휘·문법<br>(лексика. грамматика)<br>어휘, 숙어 표현 및<br>문법적 지식을 평가 | 읽기<br>(чтение)<br>본문에 대한 이해력과<br>독해력을 평가 | 듣기<br>(аудирование)<br>들려주는 본문에 대한 청취력과<br>내용을 이해하는 능력을 평가 |
| --- | --- | --- |
| 쓰기<br>(письмо)<br>주어진 상황과 주제에 알맞은<br>작문 능력을 평가 | 말하기<br>(говорение)<br>주어진 상황에 적합한<br>말하기 능력을 평가 | |

TORFL

## ☑ 토르플 시험 단계

| | |
|---|---|
| 기초 단계<br>(элементарный уровень / A1) | 가장 기초적인 의사소통이 가능함을 증명해 주는 단계로서, 기초 단계를 합격한 수험생은 일상생활에서 필요한 최소한의 러시아어 표현을 구사할 수 있습니다. |
| 기본 단계<br>(базовый уровень / A2) | 러시아어 구사 능력이 초급 수준임을 증명해 주는 단계이며, 기본 단계에 이른 응시자는 일상생활 및 사회, 문화와 관련된 분야에서 기본적인 의사소통을 표현할 수 있는 능력을 보유하고 있습니다. |
| 1단계<br>(первый уровень / B1) | 일상생활에서의 자유로운 의사소통뿐만 아니라, 사회, 문화, 역사 등의 분야에서 러시아인과 기본적인 대화가 가능한 중급 수준의 단계입니다. 일반적으로 러시아 대학에 입학하기 위해서는 1단계 인증서가 필요하며, 국내에서는 러시아어 전공자들의 대학 졸업 시험이나 기업체의 채용 및 직원들의 평가 기준으로 채택되고 있습니다. |
| 2단계<br>(второй уровень / B2) | 일상생활에서 원어민과 러시아어로 자유롭게 의사소통이 가능할 뿐만 아니라, 문화, 예술, 자연 과학, 공학 등 전문 분야에서도 상당한 의사소통 능력을 가지고 있음을 증명할 수 있는 단계입니다. 러시아 대학의 비어문계열 학사 학위 취득과 석사 과정 입학을 위한 자격 요건입니다. |
| 3단계<br>(третий уровень / C1) | 해당 단계는 수험생이 어문학 분야를 포함한 사회 전 분야에서 고급 수준의 의사소통을 구사할 수 있는 능력을 지니고 있고, 러시아어 구사 능력이 요구되는 전문 분야에서도 활동이 가능한 수준을 보유하고 있다는 것을 증명해 주는 단계입니다. |
| 4단계<br>(четвёртый уровень / C2) | 4단계는 토르플 시험 인증 단계 중 가장 높은 단계로, 원어민에 가까운 러시아어 구사 능력을 지니고 있는 가장 높은 공인 단계입니다. 이 단계의 인증서를 획득하면 러시아어문계열의 모든 교육과 연구 활동이 가능합니다. |

## ☑ 토르플 시험 영역별 응시 시간

| 구분 | 기초 단계 | 기본 단계 | 1단계 | 2단계 | 3단계 | 4단계 |
|---|---|---|---|---|---|---|
| 어휘·문법 | 45~50분 | 50분 | 60분 | 90분 | 90분 | 60분 |
| 읽기 | 45분 | 50분 | 50분 | 60분 | 60분 | 60분 |
| 듣기 | 25분 | 30분 | 35분 | 35분 | 35분 | 45분 |
| 쓰기 | 40분 | 50분 | 60분 | 55분 | 75분 | 80분 |
| 말하기 | 25~30분 | 30~35분 | 40~45분 | 45분 | 45분 | 50분 |

## ☑ 토르플 시험 단계별 합격 점수 / 만점 (각 영역별 66% 이상)

| 구분 | 기초 단계 | 기본 단계 | 1단계 | 2단계 | 3단계 | 4단계 |
| | 66% 이상 | 66% 이상 | 66% 이상 | 66% 이상 | 66% 이상 | 66% 이상 |
|---|---|---|---|---|---|---|
| 어휘·문법 | 66/100점 | 73/110점 | 109/165점 | 99/150점 | 66/100점 | 93/141점 |
| 읽기 | 79/120점 | 119/180점 | 92/140점 | 99/150점 | 99/150점 | 89/136점 |
| 듣기 | 66/100점 | 119/180점 | 79/120점 | 99/150점 | 99/150점 | 99/150점 |
| 쓰기 | 53/80점 | 53/80점 | 53/80점 | 43/65점 | 66/100점 | 62/95점 |
| 말하기 | 86/130점 | 119/180점 | 112/170점 | 96/145점 | 99/150점 | 108/165점 |

## ☑ 합격 기준

전체 5개 영역 중,

| 합격 기준 | • 5개 영역을 66% 이상 득점한 경우<br>• 4개 영역을 66% 이상, 1개 영역을 60~65% 득점한 경우 |
|---|---|
| 과락 기준 | • 3개 영역을 66% 이상 득점하였으나, 2개 영역의 득점이 66% 미만일 경우<br>　→ 2개 영역 재응시<br>• 1-2개 영역의 득점이 66% 이상이지만, 3-4개 영역의 득점이 66% 미만일 경우<br>　→ 전체 영역 재응시 |

## ☑ 재시험 제도

전체 영역 시험일을 기준으로, 재응시가 필요한 영역은 2년 내에 언제든지 재시험이 가능합니다. 또한, 합격을 할 때까지 재시험에 대한 횟수 제한은 없습니다. 하지만 2년이 지나면 전체 영역을 다시 응시하여야 합니다.

## ☑ 복수 정답

어휘·문법 영역에서 출제되는 문제 중, 복수 정답인 문제들이 간혹 출제되는 경우가 있으니 유의하시기 바랍니다. 형용사 혹은 명사 등이 주로 출제되니 평소에 관련 어휘를 꼼꼼하게 정리해 두시는 것을 추천 드립니다.

## ☑ 토르플 인증서 유효 기간

공식적으로 토르플 인증서 자체에는 유효 기간이 명시되어 있지 않습니다. 그러나 기업, 학교, 공공기관 등에서는 일반적으로 외국어의 인증서 유효 기간을 대부분 '자격 취득일로부터 2년'으로 인정하고 있음을 참고하시기 바랍니다. 인증서 제출처에 따라 유효 기간이 상이할 수 있으므로, 시험을 응시하기 전에 먼저 본인이 제출하고자 하는 기관에 해당 사항을 문의해 볼 것을 권해 드립니다.

## ☑ 시험 당일 준비물 및 유의 사항

• **준비물**

1) 신분증(주민등록증, 운전면허증, 여권)
2) 필기도구(검정색 또는 파란색 볼펜으로 준비, 연필은 사용 불가)
3) 종이 사전(기본적으로 러-한 사전 지참 가능)
4) 수정 테이프
5) 손목시계

• **유의 사항**

1) 일반적으로 시험 시작 30분 전까지 고사장에 입실 완료해야 합니다. 응시처에 따라 입실 완료 시간에 대해 별도로 안내하고 있으니, 시험을 접수한 후 개별적으로 받게 되는 시험 안내문을 꼼꼼히 확인해 주세요.
2) 커닝, 대리 시험, 전자 기기 사용 등의 부정행위가 적발될 경우, 시험 응시 자격이 박탈됩니다.
3) 좌석이 지정된 경우, 무단으로 자리를 이탈하거나 감독관의 허락 없이 임의로 자리를 변경하는 행위로 인해 시험 주최 측의 제재를 받을 수도 있습니다.
4) 시험지 혹은 답안지는 반드시 응시 기관에 제출해야 하며, 이를 준수하지 않을 시 시험 주최 측의 제재를 받을 수도 있습니다.

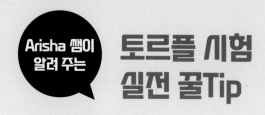

# 토르플 시험 실전 꿀Tip

Arisha 쌤이 알려 주는

## 1. 사전을 이용할 수 있다는 점을 최대한 활용하라!

토르플은 외국어 평가 시험임에도 불구하고, 사전을 사용할 수 있는 영역이 정해져 있습니다. 바로 읽기, 쓰기, 말하기(일부 유형만 해당) 영역입니다. 이 사실을 알지 못한 채 시험을 준비하는 응시자 분들이 생각보다 많습니다. 독해 중에 모르는 단어가 있거나 작문 중에 긴장하다 보면 단어가 기억이 나지 않을 수도 있기 때문에, 특정 영역에서 사전을 사용할 수 있는 이 장점을 최대한 활용하실 것을 권장합니다. 단, 시험장에는 휴대폰이나 전자 기기 반입 및 사용이 금지되어 있으며, 오직 종이로 된 사전만 지참할 수 있습니다. 때문에 평소에 러시아어 공부를 하거나 토르플 시험을 준비하는 과정에서 종이 사전을 통해 단어를 찾는 습관을 반드시 길러 놔야 합니다. 기본적으로 러-한 사전을 지참할 수 있지만, 시행처 혹은 개인별 상황에 따라 러-영 혹은 러-러 사전도 허용되는 경우가 있습니다. 사전 사용에 관한 내용을 시험에 앞서 시행처에 확인해 보는 것이 가장 좋습니다.

## 2. 쉬는 시간에 섭취할 물과 간단한 간식을 챙겨라!

하루 안에 총 5가지 영역의 시험을 약 5시간에 걸쳐 보게 됩니다. 시험장마다 상황은 조금씩 다를 수 있지만, 일반적으로 점심 시간이 따로 주어지지 않는 경우가 많습니다. 또한 쉬는 시간도 길지 않아, 시험 중간에 외출하거나 다른 곳으로 이동할 여유가 없습니다. 긴 시간 동안 시험을 치다 보면 체력적인 부담이 적지 않으므로, 본인이 미리 챙겨간 물과 간단한 간식을 섭취하면서 틈틈이 당을 충전해 가며 집중력을 유지해야 합니다.

## 3. 부분 합격 제도가 있으니 전략적으로 영역을 공략하라!

원칙적으로는 5가지 영역의 점수가 각각 66% 이상이 되어야 합격으로 인정됩니다. 하지만 부분 합격 제도가 있으므로 본인이 자신 있는 영역을 우선적으로 준비하여 통과하는 전략을 활용할 수도 있습니다. 5개 영역 중 3개 이상 통과하였을 경우 2년간 통과한 영역을 면제해 주고, 과락한 1개 또는 2개 영역을 2년 내에 다시 응시할 수 있는 기회를 줍니다. 실제로 동시에 다섯 가지 영역을 한 번에 준비하는 일은 결코 쉽지만은 않습니다. 참고로 많은 응시자 분들이 객관식 형식의 필기 시험인 '어휘·문법', '읽기', '듣기' 영역을 먼저 통과하는 방식으로 시험을 준비합니다. 물론 한 번에 모든 영역을 합격하는 것이 가장 좋은 방법이지만, 개인마다 자신 있는 영역은 다르므로, 본인의 상황에 맞게 최대한 짧은 시간에 다섯 가지 영역을 모두 통과할 수 있는 전략을 세우시기를 바랍니다.

## 4. 응시 기관과 각 응시생에 따라 영역별 시험 순서는 랜덤하게 진행되므로 당황하지 말자!

토르플 시험을 준비하는 대부분의 응시자들은 주관식 형식인 '쓰기, 말하기' 영역을 객관식 형식의 필기 시험인 '어휘·문법', '읽기', '듣기' 영역보다 더 어려워하는 경향이 있습니다. 그래서 간혹 주관식 영역이 시험 순서상 앞쪽에 있는 경우에 상당히 당황하거나 이로 인해 다른 객관식 영역의 시험에까지 좋지 않은 영향을 끼치는 상황이 발생합니다. 시험 순서는 각 응시 기관의 상황에 따라 매번 랜덤하게 진행될 수 있으므로, 응시자 본인이 준비하거나 예상한 순서대로 시험을 치르지 않는다 해도 평정심을 잃지 않고 시험에 응하실 것을 조언 드립니다.

## 5. 시험 고사장 환경에 미리 대비하자!

현재 국내에서 토르플 시험을 치를 수 있는 곳은 전문 시험장이나 시설이 갖춰진 곳이 아닌, 일반 대학교나 사설 아카데미입니다. 때문에 시험을 응시할 때 돌발 상황이 자주 생기기 마련인데, 특히 주변에서 일어나는 생활 소음으로 인해 '듣기'와 '말하기' 영역을 응시할 때 불편함을 겪었다는 응시자들이 굉장히 많습니다. '듣기'나 '말하기' 영역을 준비할 때는 조용한 곳에서 혼자 공부하거나 연습하기보다는 어느 정도 소음이 있는 공간에서 연습하는 것이 실제 시험에서 당황하지 않고 집중력을 유지하는 데에 도움이 될 것입니다.

## 6. 국내에서 치뤄지는 토르플 시험은 모두 동일한 효력을 갖는다!

토르플 시험의 경우, 러시아 연방 교육부 산하 기관인 '러시아 토르플 센터'와 주요 국립 대학교 및 일부 교육 기관이 협력하여 시험 응시 및 전반적인 토르플 시험과 관련된 업무를 대행하고 있습니다. 그래서 시험을 통과한 뒤 받는 합격 증명서에도 각 대행 기관이 '발급 기관'으로 기재되고 있습니다. 예를 들어 모스크바 국립대학교(МГУ) 토르플 센터에서 시험을 본다면 합격 증명서에는 МГУ 센터의 직인이 기재되고, 반면 상트페테르부르크 국립대학교(СПбГУ) 토르플 센터에서 시험을 본다면 합격 증명서에는 СПбГУ 센터의 직인이 기재됩니다.

국내에서 토르플 시험을 응시하는 경우에도 대행 기관마다 시험 진행 방식이나 합격 증명서에 찍힌 직인이 다른 경우가 있어 응시생들이 당황하는 경우가 많습니다. 하지만 모두 공인된 토르플 시험으로 동일한 효력을 가지고 있으니 걱정하실 필요가 없습니다. 참고로 최근 발급되고 있는 토르플 합격 증명서에는 러시아 교육부 산하 '러시아 토르플 센터'의 직인도 함께 기재되고 있습니다.

[Tip] 토르플 시험 센터마다 시험 유형 및 문제 수, 난이도가 달라질 수 있습니다.

### 1) 유형①: лексика/ 어휘

〈예시〉

| | |
|---|---|
| 1. Женя уже поступил в университет?!<br>– Да, время летит! Он уже _____. | А) старший<br>Б) вырос<br>В) пожилой |
| 2. Дайте, мне, _____ чай. | А) крепкий<br>Б) здоровый<br>В) сытый |
| 3. Ты уже готов? У нас только 5 минут _____. | А) осталось<br>Б) оставилось<br>В) останавливалось |
| 4. Мы с Сашей всегда плохо _____ экзамены.<br>Поэтому решили заниматься каждый день в библиотеке. | А) сдаем<br>Б) задаем<br>В) выдаем |

정답: 1 – Б / 2 – А / 3 – А / 4 – А

- 문항 수: 약 25개
- 빈칸에 들어갈 올바른 어휘, 관용구, 숙어 찾기
- 한국어와 비슷한 의미로 쓰여 혼동되는 러시아어 단어가 주로 출제
- 난이도가 있는 운동 동사를 활용한 관용어구, 숙어를 묻는 문제도 종종 출제

## 2) 유형②: грамматика, падежи / 문법, 격

〈예시〉

| | |
|---|---|
| 1. _____ нашим домом большие деревья. | A) за<br>Б) у<br>В) возле |
| 2. Вчера все профессора обсудили _____. | A) о новой теорию<br>Б) новую теорию<br>В) новой теории |
| 3. По дороге домой мы зашли в магазин _____. | A) за продуктами<br>Б) к продуктам<br>В) из-за продуктов |
| 4. Сергей написал своё сочинение _____. | A) на год<br>Б) за год<br>В) год |

정답: 1 - A / 2 - Б / 3 - A / 4 - Б

· 문항 수: 약 50~55개
· 빈칸에 들어갈 알맞은 격 형태, 전치사 찾기
· 동사 뒤에 수반되는 격, 전치사 문제가 주로 출제

## 3) 유형③: грамматика, глаголы / 문법, 동사

⟨예시⟩

| | |
|---|---|
| 1. Девушка, как _____ до университета? | А) зайти<br>Б) пройти<br>В) перейти<br>Г) дойти |
| 2. Мы были очень рады русским сувенирам, которые Дима _____ из России. | А) принёс<br>Б) привёз<br>В) приносил<br>Г) привозил |
| 3. Марина сказала, что уже Сашенька _____! | А) идёт<br>Б) ходит |
| 4. Когда дети готовились к концерту, учитель вошёл в класс. | А) готовясь<br>Б) приготовившись |

정답: 1 - Г / 2 - Б / 3 - Б / 4 - А

- 문항 수: 약 50개
- 동사 상, 운동 동사, 부동사, 형동사의 올바른 활용 찾기
- 불완료 – 완료상의 활용, 정태 – 부정태의 활용 문제가 주로 출제
- 부동사, 형동사 관련 문제는 간혹 출제

## 4) 유형④: грамматика, союзы / 문법, 접속사

〈예시〉

| | |
|---|---|
| 1. Я знаю, _____ Ирина недовольна. | А) потому что<br>Б) почему<br>В) поэтому |
| 2. Мама всегда говорит, _____ мы должны были внимательными. | А) что<br>Б) чтобы |
| 3. Говорят, что по прогнозу погоды не будет снега. _____ вдруг идёт большой снег. | А) А<br>Б) Но<br>В) Наконец, |

정답: 1 – Б / 2 – Б / 3 – Б

- 문항 수: 약 35개
- 빈칸에 들어갈 접속사, 관계 대명사 찾기
- 격 변화가 일어나는 종속 접속사 문제가 주로 출제

# 토르플 1단계 어휘·문법 영역 – 이렇게 준비하자!

**Arisha 쌤이 알려 주는**

- **시험 직전 기본 문법서 하나는 꼭 완독하자!**

토르플 1단계 어휘·문법 영역은 60분이란 빠듯한 시간 내에 165문제를 풀어야 합니다. 1분에 2~3문제는 풀어야 시간에 맞춰 모든 문제를 다 풀고 답안지까지 작성할 수 있기 때문에 기본적인 문법이 숙지가 되어 있지 않은 채 시험을 본다면, 시간이 부족해 모든 문제를 다 못 푸는 불상사가 생기기도 합니다. 하지만 이것은 바꿔 말하면, 응시생들이 기본적인 문법을 다 숙지하고 있다면 보다 여유롭게 시험을 볼 수 있다는 뜻이기도 합니다. 기본 문법서 내용을 전반적으로 숙지한 뒤 토르플 1단계 시험을 준비한다면, 문법 사항에 대한 지식을 점검할 수 있을 뿐만 아니라 문법과 관련된 표현들에 사용된 어휘 또한 자연스럽게 암기할 수 있게 될 것입니다. 시험 보기 전, 기본 문법을 꼭 숙지하시는 것을 추천 드립니다.

- **의미가 헷갈리는 어휘를 명확히 구분해서 정리해 두자!**

시험에서는 한국어 의미만 봤을 때 모두 가능할 것 같은 어휘가 주로 출제됩니다. 예를 들어, имя와 название는 모두 한국어로는 '이름'으로 해석할 수 있지만, 러시아어에서 имя는 사람의 이름, название는 사물의 명칭을 나타낼 때만 사용할 수 있습니다. 이처럼 어휘 영역에서는 혼동되는 단어의 뜻을 물어보는 문제가 주를 이룹니다. 본 교재에 각 강의마다 자주 출제되는 어휘의 활용을 수록하였으니, 따로 정리해 두면 토르플 시험에서 정답률을 높일 수 있을 것입니다.

- **한국어 해석 때문에 격이 헷갈리는 어휘를 주의하자!**

러시아어를 처음에 배울 때, 대격은 목적어 '~을(를)'을 표현하고 여격은 수여 대상 '~에게'를 표현한다고 배워 왔지만, 이러한 점 때문에 시험에서 많은 응시자들이 항상 틀리는 문제 유형이 있습니다. 예를 들어서 'учить-научить 가르치다' 동사는 가르침을 받는 대상을 대격, 가르침의 내용 및 행위를 동사 원형을 수반해 '~를 ~하도록 가르치다'라는 의미로 활용되지만, 한국어로는 '~에게 가르쳐주다'가 덜 어색한 표현이기 때문에 대격이 아닌 사람 여격을 정답으로 고르는 경우가 많습니다. 특히 격 문제에서 이러한 문제의 비중이 10% ~ 20% 정도 되기 때문에, 본 교재의 어휘 – 동사 편을 참고하셔서 한국어 해석으로 인해 실수하지 않도록 꼭 암기하시기 바랍니다.

- **실제 시험을 보는 것처럼 실전 모의고사를 풀어 보자!**

1강 ~ 26강까지 학습을 마치고 난 뒤, 교재 마지막에 실전 모의고사와 정답지를 수록했습니다. 토르플 시험은 우리에게 익숙한 OMR 카드에 정답을 기재해 컴퓨터로 채점하는 방식이 아닌 수기로 채점하는 시험이기 때문에, 정답지(матрица)에 정답을 펜으로 표시해야 합니다(일반적인 컴퓨터용 사인펜을 통한 마킹과 다른 방식입니다). 165 문항을 다 풀고 정답지에 표기하고 한 번 더 확인하려면, 60분이라는 시험 시간이 굉장히 촉박하게 느껴질 것입니다. 실제 시험장에서 시간이 부족해 문제를 다 못 풀거나 정답지에 옮겨 적지 못하는 학생들이 굉장히 많습니다. 그러므로 시험 보기 직전, 실제 시험 시간인 60분에 맞춰서 실전 모의고사를 풀고 정답지에 마킹하는 연습까지 해 보는 것을 추천 드립니다.

\* 어휘·문법 영역 답안지

---

## МАТРИЦЫ

### Лексика. Грамматика

РАБОЧАЯ МАТРИЦА

Имя, фамилия _____ Страна_____ Дата _____
Максимальное количество баллов — 165.

| 1 | (А) | Б | | |
|---|---|---|---|---|
| 2 | (Ⓧ) | (Б) | | |
| 3 | А | Б | | |
| 4 | А | Б | | |

| 22 | А | Б | В | |
|---|---|---|---|---|
| 23 | А | Б | В | |
| 24 | А | Б | В | |
| 25 | А | Б | В | |
| 26 | А | Б | В | |

---

**tip** 선택안을 바꾸고 싶을 때에는, 답안지를 교체하거나 수정 테이프를 사용할 필요 없이 이전의 선택안을 엑스로 표시하고 새로운 선택안에 체크하시면 됩니다.

• **오답 노트를 만들어 자주 틀리는 문제를 정리해 두자!**

어휘·문법 영역 문제를 풀다 보면, 항상 틀리는 문제만 틀리기 마련입니다. 다양한 문제 유형을 접해 보면서, 본인이 자주 틀리는 문제 혹은 항상 헷갈리는 어휘들을 따로 정리해 오답 노트를 만들어 보시는 것을 권해 드립니다. 어휘·문법 영역뿐만 아니라, 다섯 영역 모두 간단하게라도 오답 노트를 만들어 놓으면 시험 보기 직전에 한 번 훑어보는 것만으로도 정답률을 훨씬 더 높일 수 있답니다.

**나만의 학습 플랜**

📝 **나의 응시 예정일** _____

✏️ **나의 공부 다짐** _____

_____

**⏱ 15일 완성** 매일매일의 목표를 적고, 달성할 때마다 체크 박스에 표시해 보세요.

| День 1 | День 2 | День 3 | День 4 | День 5 |
|---|---|---|---|---|
| ☐ _____ | ☐ _____ | ☐ _____ | ☐ _____ | ☐ _____ |
| ☐ _____ | ☐ _____ | ☐ _____ | ☐ _____ | ☐ _____ |
| ☐ _____ | ☐ _____ | ☐ _____ | ☐ _____ | ☐ _____ |
| ☐ _____ | ☐ _____ | ☐ _____ | ☐ _____ | ☐ _____ |

| День 6 | День 7 | День 8 | День 9 | День 10 |
|---|---|---|---|---|
| ☐ _____ | ☐ _____ | ☐ _____ | ☐ _____ | ☐ _____ |
| ☐ _____ | ☐ _____ | ☐ _____ | ☐ _____ | ☐ _____ |
| ☐ _____ | ☐ _____ | ☐ _____ | ☐ _____ | ☐ _____ |
| ☐ _____ | ☐ _____ | ☐ _____ | ☐ _____ | ☐ _____ |

| День 11 | День 12 | День 13 | День 14 | День 15 |
|---|---|---|---|---|
| ☐ _____ | ☐ _____ | ☐ _____ | ☐ _____ | ☐ _____ |
| ☐ _____ | ☐ _____ | ☐ _____ | ☐ _____ | ☐ _____ |
| ☐ _____ | ☐ _____ | ☐ _____ | ☐ _____ | ☐ _____ |
| ☐ _____ | ☐ _____ | ☐ _____ | ☐ _____ | ☐ _____ |

**☑ 30일 완성** 매일매일의 목표를 적고, 달성할 때마다 체크 박스에 표시해 보세요.

| День 1 | День 2 | День 3 | День 4 | День 5 |
|---|---|---|---|---|
| ☐ _____ | ☐ _____ | ☐ _____ | ☐ _____ | ☐ _____ |
| ☐ _____ | ☐ _____ | ☐ _____ | ☐ _____ | ☐ _____ |
| ☐ _____ | ☐ _____ | ☐ _____ | ☐ _____ | ☐ _____ |
| ☐ _____ | ☐ _____ | ☐ _____ | ☐ _____ | ☐ _____ |

| День 6 | День 7 | День 8 | День 9 | День 10 |
|---|---|---|---|---|
| ☐ _____ | ☐ _____ | ☐ _____ | ☐ _____ | ☐ _____ |
| ☐ _____ | ☐ _____ | ☐ _____ | ☐ _____ | ☐ _____ |
| ☐ _____ | ☐ _____ | ☐ _____ | ☐ _____ | ☐ _____ |
| ☐ _____ | ☐ _____ | ☐ _____ | ☐ _____ | ☐ _____ |

| День 11 | День 12 | День 13 | День 14 | День 15 |
|---|---|---|---|---|
| ☐ _____ | ☐ _____ | ☐ _____ | ☐ _____ | ☐ _____ |
| ☐ _____ | ☐ _____ | ☐ _____ | ☐ _____ | ☐ _____ |
| ☐ _____ | ☐ _____ | ☐ _____ | ☐ _____ | ☐ _____ |
| ☐ _____ | ☐ _____ | ☐ _____ | ☐ _____ | ☐ _____ |

| День 16 | День 17 | День 18 | День 19 | День 20 |
|---|---|---|---|---|
| ☐ _____ | ☐ _____ | ☐ _____ | ☐ _____ | ☐ _____ |
| ☐ _____ | ☐ _____ | ☐ _____ | ☐ _____ | ☐ _____ |
| ☐ _____ | ☐ _____ | ☐ _____ | ☐ _____ | ☐ _____ |
| ☐ _____ | ☐ _____ | ☐ _____ | ☐ _____ | ☐ _____ |

| День 21 | День 22 | День 23 | День 24 | День 25 |
|---|---|---|---|---|
| ☐ _____ | ☐ _____ | ☐ _____ | ☐ _____ | ☐ _____ |
| ☐ _____ | ☐ _____ | ☐ _____ | ☐ _____ | ☐ _____ |
| ☐ _____ | ☐ _____ | ☐ _____ | ☐ _____ | ☐ _____ |
| ☐ _____ | ☐ _____ | ☐ _____ | ☐ _____ | ☐ _____ |

| День 26 | День 27 | День 28 | День 29 | День 30 |
|---|---|---|---|---|
| ☐ _____ | ☐ _____ | ☐ _____ | ☐ _____ | ☐ _____ |
| ☐ _____ | ☐ _____ | ☐ _____ | ☐ _____ | ☐ _____ |
| ☐ _____ | ☐ _____ | ☐ _____ | ☐ _____ | ☐ _____ |
| ☐ _____ | ☐ _____ | ☐ _____ | ☐ _____ | ☐ _____ |

# 토르플
# 1단계
# 어휘·문법 영역

# Лексика
# и грамматика

# 01

어휘 영역
# 명사 ①

문법 영역
# 주격

### ✏️ 오늘의 학습 목표

☑️ 어휘 학습 및 문제 풀이: 명사 ①

☑️ 문법 개념 설명 및 문제 풀이: 주격

☑️ 요점 정리 및 필수 표현 정리

[ STEP 01 ] **어휘 학습**

| имя | (명) 이름 |
|---|---|
| фамилия | (명) 성 |
| название | (명) 명칭, 제목 |
| 러시아 대통령의 이름은 블라디미르입니다. | Имя президента России – Владимир. |
| 러시아 대통령의 성은 푸틴입니다. | Фамилия президента России – Путин. |
| 이 소설의 제목은 '전쟁과 평화'입니다. | Название этого романа – «Война и мир». |

| задание | (명) 과제, 숙제 (유형적) |
|---|---|
| задача | (명) 과제, 숙제 (추상적) |
| упражнение | (명) 연습 문제 |
| 학생들이 숙제를 하고 있습니다. | Студенты делают домашнее задание. |
| 막심은 어려운 과제를 해결했습니다. | Максим решил трудную задачу. |
| 나는 문법 연습 문제를 풀고 있습니다. | Я пишу упражнения по грамматике. |

💬 주격: 주어 자리에 놓이는 가장 기본 형태의 격

> 항상 문장 내에 주어가 있는지 확인할 것!
> 주어가 생략되는 경우는 두 가지

### 1) 무인칭문

예 (Мне) Надо купить сувениры.

### 2) 불특정 다수인 사람이 주어인 경우 (동사가 반드시 3인칭 복수)

예 В Москве недавно построили большое здание.

STEP 03 ┤ 어휘 문제 풀이    정답 및 해설 p.207

| | |
|---|---|
| – Первое _____1_____ России – Русь. | (А) имя<br>(Б) фамилия<br>(В) название |
| – Московская консерватория носит _____2_____ П. И. Чайковского. | (А) имя<br>(Б) фамилия<br>(В) название |
| – _____3_____ этого известного поэта – Пушкин. | (А) Имя<br>(Б) Фамилия<br>(В) Название |
| – На экзамене ученики решали очень трудные _____4_____ . | (А) задания<br>(Б) упражнения<br>(В) задачи |
| – Дети выполняют _____5_____ на уроке. | (А) задания<br>(Б) упражнения<br>(В) задачи |
| – Маша уже написала все _____6_____ . | (А) задания<br>(Б) упражнения<br>(В) задачи |

## STEP 04 — 문법 문제 풀이

| | |
|---|---|
| – Вчера позвонил _____1_____ . | (А) мой старший брат<br>(Б) моего старшего брата<br>(В) моему старшему брату<br>(Г) с моим старшим братом |
| – Недалеко от нашего дома открылся _____2_____ . | (А) в новом торговом центре<br>(Б) нового торгового центра<br>(В) новый торговый центр<br>(Г) около нового торгового центра |
| – Я слышал, что в Петербурге находится _____3_____ – Эрмитаж. | (А) самым известным музеем России<br>(Б) самый известный музей России<br>(В) в самом известном музее России<br>(Г) о самом известном музее России |
| – Детям очень нужна _____4_____ . | (А) в новой аудиторой<br>(Б) новой аудитории<br>(В) к новой аудитории<br>(Г) новая аудитория |
| – Сегодня у мамы _____5_____ . | (А) прекрасного настроения<br>(Б) прекрасное настроение<br>(В) прекрасному настроению<br>(Г) с прекрасным настроением |

| | |
|---|---|
| – Завтра у студентов нашего факультета будут _____ **6** _____ . | (А) на экзаменах по всем предметам<br>(Б) экзаменов по всем предметам<br>(В) экзамены по всем предметам<br>(Г) к экзаменам по всем предметам |
| – Не всегда _____ **7** _____ – хорошие. | (А) дорогие карандаши<br>(Б) дорогих карандашей<br>(В) дорогими карандашами<br>(Г) дорогим карандашам |
| – _____ **8** _____ очень нравятся моему двоюродному брату. | (А) Китайские блюда<br>(Б) Китайских блюд<br>(В) Китайским блюдам<br>(Г) О китайских блюдах |
| – Нашему отцу очень понравились _____ **9** _____ . | (А) о русских народных песнях<br>(Б) русским народным песням<br>(В) русские народные песни<br>(Г) с русскими народными песнями |
| – Этот интересный репортаж подготовил _____ **10** _____ . | (А) молодого журналиста<br>(Б) о молодом журналисте<br>(В) с молодым журналистом<br>(Г) молодой журналист |
| – Этот словарь купил _____ **11** _____ . | (А) маленький ребёнок<br>(Б) с маленьким ребёнком<br>(В) маленького ребёнка<br>(Г) маленькому ребёнку |

| | |
|---|---|
| – В нашей программе _____12_____ . | (А) русская культура<br>(Б) о русской культуре<br>(В) по русской культуре<br>(Г) русской культурой |

요점 정리 및 필수 표현 정리

💬 한국어 의미 때문에 헷갈리지 않도록 주의!

– **имя**: 사람의 '이름'
– **название**: 사물의 '명칭' 혹은 '제목'
– **фамилия**: 사람의 '성'

💬 함께 쓰는 동사와 같이 기억하기!

– **делать / выполнять задание**: 과제를 하다 / 수행하다
– **решать задачу**: 문제를 해결하다
– **писать упражнение**: 연습 문제를 풀다

💬 항상 문장 내에 주어가 있는지 확인!

– 문장 내에 주어가 없다면 정답은 주격.

💬 주어가 생략되는 경우는 두 가지!

– 무인칭문
– 불특정 다수인 사람이 주어인 경우 (동사가 반드시 3인칭 복수)

# 02 명사 ② 생격 ①

어휘 영역 　　　　　문법 영역

## 📝 오늘의 학습 목표

☑ 어휘 학습 및 문제 풀이: 명사 ②

☑ 문법 개념 설명 및 문제 풀이: 생격 ①

☑ 요점 정리 및 필수 표현 정리

## STEP 01 — 어휘 학습

| мебель | (명) 가구 |
|---|---|
| обувь | (명) 신발 |
| одежда | (명) 의류 |
| посуда | (명) 식기 |

| 아버지는 새 가구를 내 방에 설치했습니다. | Отец поставил новую мебель в мою комнату. |
|---|---|
| 나는 새 옷 / 새 신발을 샀습니다. | Я купил новую одежду / обувь. |
| 식기는 깨끗하게 씻어야 합니다. | Надо помыть посуду чисто. |

| экзамен | (명) 시험 |
|---|---|
| занятие | (명) 수업 |
| расписание | (명) 시간표, 일정표 |

| 학생들이 시험을 보고 있습니다. | Студенты сдают экзамены. |
|---|---|
| 타냐는 수업 진행을 잘 합니다. | Таня хорошо ведёт занятия. |
| 나에게 이번 학기에 새로운 시간표가 있습니다. | У меня новое расписание в этом семестре. |

## STEP 02 ─ 문법 개념 설명

💬 생격: 6격 중 활용도가 가장 높은 격

### 1) 수식 (명사 + 명사 생격): 'Какой 어떤 / Чей 누구의'에 해당하는 표현.

예 Какая это остановка? – Это остановка трамвая.

Чьи это книги? – Это книги моей подруги.

---

주의 명사 뒤에 수반되는 명사가 무조건 생격으로 표현되는 것은 아님.

예 билет балета (X) → билет на балет (O) 발레 입장권

---

### 2) 소유 구문: ~(사람)한테 ~(대상)이 있다.

У кого(사람) + есть + кто / что(대상).

예 У моей мамы есть новая машина.

У вас есть температура?

есть (현재)

У кого(사람) + был (–а, –о, –и) (과거) + кто / что(대상).

будет (–ут) (미래)

예 У младшего брата были эти игрушки.

Завтра у меня будет время.

---

주의 – 가지고 있는 '대상'이 주어(주격으로 표시).

　　 – быть 동사는 항상 주어인 대상에 따라 변화.

---

| | |
|---|---|
| – Мы купим новую _____1_____ в кабинет. | (А) мебель<br>(Б) посуду<br>(В) одежду |
| – Мама помыла _____2_____ , когда мы все поужинали. | (А) мебель<br>(Б) посуду<br>(В) одежду |
| – Давай купим тёплую _____3_____ ! Скоро зима. | (А) мебель<br>(Б) посуду<br>(В) одежду |
| – Я должна хорошо сдать этот _____4_____ . | (А) экзамен<br>(Б) занятие<br>(В) расписание |
| – Дети повторяют диалоги на _____5_____ . | (А) экзаменах<br>(Б) занятиях<br>(В) расписаниях |
| – В сентябре в школе всегда новое _____6_____ . | (А) экзамен<br>(Б) занятие<br>(В) расписание |

## STEP 04 — 문법 문제 풀이

| | |
|---|---|
| – Я давно выбрала профессию <br> _____ 1 _____ . | (А) дирижёр оркестра <br> (Б) о дирижёре оркестра <br> (В) дирижёра оркестра <br> (Г) дирижёром оркестра |
| – Это кабинет _____ 2 _____ . | (А) у нашего нового директора <br> (Б) нашего нового директора <br> (В) наш новый директор <br> (Г) с нашим новым директором |
| – В этой галерее можно увидеть картины только _____ 3 _____ . | (А) известных русских художников <br> (Б) известным русским художникам <br> (В) с известными русскими художниками <br> (Г) об известных русских художниках |
| – В журнале я увидела фотографии _____ 4 _____ . | (А) мой любимый актёр <br> (Б) о моём любимом актёре <br> (В) моему любимому актёру <br> (Г) моего любимого актёра |
| – Я сижу в комнате _____ 5 _____ . | (А) моя старшая сестра <br> (Б) у моей старшей сестры <br> (В) моей старшей сестры <br> (Г) с моей старшей сестрой |

| | |
|---|---|
| – _____ 6 _____ есть важное собрание. | (А) У нашего нового директора<br>(Б) Нашего нового директора<br>(В) Наш новый директор<br>(Г) С нашим новым директором |
| – _____ 7 _____ высокая температура. | (А) Мой дедушка<br>(Б) Моему дедушке<br>(В) У моего дедушки<br>(Г) Моего дедушку |
| – К счастью, _____ 8 _____ есть машина, мы можем поехать за город. | (А) Вадим<br>(Б) Вадиму<br>(В) с Вадимом<br>(Г) у Вадима |
| – Завтра _____ 9 _____ будет экзамен. | (А) новые студенты<br>(Б) у новых студентов<br>(В) с новыми студентами<br>(Г) новым студентам |
| – Вчера _____ 10 _____ был день рождения. | (А) наш младший сын<br>(Б) для нашего младшего сына<br>(В) с нашим младшим сыном<br>(Г) у нашего младшего сына |
| – К сожалению, в сентябре _____ 11 _____ будет командировка. | (А) мне<br>(Б) ко мне<br>(В) у меня<br>(Г) меня |

## STEP 05 ─ 요점 정리 및 필수 표현 정리

💬 항상 단수로만 쓰는 명사 주의! (집합 명사)

- **мебель**: 가구
- **посуда**: 식기
- **обувь**: 신발
- **одежда**: 의류

💬 함께 쓰는 동사와 같이 기억하기!

- **сдавать экзамен**: 시험을 보다
- **сдать экзамен**: 시험을 합격 / 통과하다
- **вести занятия**: 수업을 진행하다

💬 항상 '명사 + 명사 생격'을 활용할 수 있는 것은 아님! (1)

- 수식(형용사)의 역할일 때, '**명사 + 명사 생격**'을 활용.

💬 항상 '명사 + 명사 생격'을 활용할 수 있는 것은 아님! (2)

- 가지고 있는 사람은 항상 '**у + кого (생격)**'으로 표현.
- 가지고 있는 대상(주격)에 따라 **быть** 동사 변화.

# 03 명사 ③ 생격 ②

어휘 영역     문법 영역

## ✏️ 오늘의 학습 목표

☑️ 어휘 학습 및 문제 풀이: 명사 ③

☑️ 문법 개념 설명 및 문제 풀이: 생격 ②

☑️ 요점 정리 및 필수 표현 정리

---

**STEP 01** — **어휘 학습**

| вопрос | (명) 질문 |
|---|---|
| ответ | (명) 답변 |
| объяснение | (명) 설명 |

| 학생들은 항상 선생님께 질문을 합니다. | Студенты всегда задают учителю вопросы. |
|---|---|
| 내 친구가 내 제안에 답변을 해 주었습니다. | Мой друг дал ответ на моё предложение. |
| 선생님은 학생들에게 아주 훌륭한 문법 설명을 해 주었습니다. | Учитель дал студентам прекрасное объяснение грамматики. |

| факультет | (명) 학부 |
|---|---|
| курс | (명) 수업 과정 / 학년 (대학교) |
| класс | (명) 교실 / 학년 (학교) |

| 우리 학부에는 많은 외국인들이 있습니다. | На нашем факультете много иностранцев. |
|---|---|
| 나는 대학교 2학년에 재학 중입니다. | Я учусь в университете на втором курсе. |
| 너의 아들은 몇 학년에 재학 중이니? | В каком классе учится твой сын? |

STEP 02 ─ **문법 개념 설명**

💬 생격: 6격 중 활용도가 가장 높은 격

1) 부정 생격

❶ 소유 부정: ~(사람)한테 ~(대상)이 없다.

> **У + 생격(사람)** + нет + **кого / чего(대상).**

예 У меня <u>нет</u> младш<u>его</u> брат<u>а</u>.

❷ 존재 부정: ~(장소)에 ~(대상)이 없다.

> **Где(장소)** + нет + **кого / чего(대상).**

예 Бабушк<u>и</u> <u>нет</u> в комнате.

> **У кого(사람)**                нет (현재)
>
>                           +    не было (과거)    +    **кого / чего (대상).**
>
> **Где(장소)**                   не будет (미래)

예 У младшего брата <u>не было</u> эт<u>их</u> игруш<u>ек</u>.

　Завтра у меня <u>не будет</u> вре<u>мени</u>.

> 주의 – 없는 '대상'이 주격이 아닌 생격으로 표현 → '주어가 없는 무인칭문'
>
> 　　 – быть 동사는 항상 중성 형태를 취함.

❸ 부정문에서 목적어가 추상 명사인 경우

> **목적어를 쓸 때 (부정문)**
> → 물질 명사 (사람, 사물 등): **대격**
> → 추상 명사 (시간, 감정 등): **생격**

| 긍정문 (모두 대격) | 부정문 |
|---|---|
| – Я читал этот журнал. | – Я не читал этот журнал. |
| – Я заметила твои недостатки. | – Я не заметила твоих недостатков. |

## 2) 수량 생격

**❶ 가산 명사: '숫자에 따라' 형용사 / 명사 형태 변화**

| 수사 | 형용사 | 명사 |
|---|---|---|
| 1 | 단수 주격 | 단수 주격 |
| 2~4 | 남, 중 – 복수 생격 | 단수 생격 |
| | 여 – 복수 주격 | |
| 5~20 | 복수 생격 | 복수 생격 |

| 수사 | 형용사 | 명사 |
|---|---|---|
| 1 | новый | студент |
| | новая | студентка |
| 2~4 | красивых | студента |
| | красивые | студентки |
| 5~20 | новых | студентов |
| | | студенток |

**❷ '가산 / 불가산 명사 여부'에 따라 형용사 / 명사 변화**

| много (많게) | |
|---|---|
| мало (적게) | 가산 명사 (복수 생격) |
| сколько (얼마나) | 불가산 명사 (단수 생격) |
| несколько (몇몇의) | |

주의 несколько + 가산 명사만 가능

예 Сколько тебе лет?

Сколько времени ты изучаешь русский язык?

## STEP 03 — 어휘 문제 풀이

정답 및 해설 p.209

– У студентов всегда много _____1_____ .

(А) вопросов
(Б) ответов
(В) объяснений

– Друзья всегда дают _____2_____ на все мои вопросы.

(А) вопросы
(Б) ответы
(В) объяснения

– Учитель дал _____3_____ грамматики и написал примеры на доске.

(А) вопросы
(Б) ответы
(В) объяснения

– На этом _____4_____ работают лучшие преподаватели и профессора.

(А) факультете
(Б) курсе
(В) классе

– На каком _____5_____ учится Саша?

(А) факультете
(Б) курсе
(В) классе

– Дети сидят в _____6_____ и ждут учителя.

(А) факультете
(Б) курсе
(В) классе

## STEP 04 — 문법 문제 풀이

– У твоей сестры нет _____1_____ ?

(А) интересные книги
(Б) об интересных книгах
(В) с интересными книгами
(Г) интересных книг

– В этом музее нет _____2_____ зарубежных художников.

(А) картин
(Б) картины
(В) в картинах
(Г) о картинах

| | |
|---|---|
| – Завтра у нашего отца не будет _____3_____ . | (А) свободное время<br>(Б) свободному времени<br>(В) свободного времени<br>(Г) о свободном времени |
| – В этом городе никогда не было _____4_____ . | (А) общественный<br>   транспорт<br>(Б) общественного<br>   транспорта<br>(В) общественному<br>   транспорту<br>(Г) на общественном<br>   транспорте |
| – Учитель не дал нам _____5_____ . | (А) никакому объяснению<br>(Б) никакого объяснения<br>(В) о никаком объяснении<br>(Г) никаким объяснением |
| – Я учился в Москве всего 3 _____6_____ . | (А) месяц<br>(Б) месяца<br>(В) месяцев<br>(Г) месяцы |
| – Я купила 5 _____7_____ . | (А) компьютерные игры<br>(Б) компьютерной игры<br>(В) компьютерным играм<br>(Г) компьютерных игр |
| – В моём кабинете 3 _____8_____ . | (А) книжные шкафы<br>(Б) книжного шкафа<br>(В) книжных шкафа<br>(Г) книжных шкафов |
| – Настя выучила 4 _____9_____ . | (А) новые слова<br>(Б) новых слов<br>(В) нового слова<br>(Г) новых слова |

| | (А) туристы |
| --- | --- |
| – В Москве всегда много _____10_____ . | (Б) туриста |
| | (В) туристов |
| | (Г) туристам |

| | (А) время |
| --- | --- |
| – Спешите! У вас мало _____11_____ . | (Б) времени |
| | (В) для времени |
| | (Г) временем |

## STEP 05 — 요점 정리 및 필수 표현 정리

💬 함께 쓰는 동사와 같이 기억하기!

> – **задавать вопрос**: 질문을 하다
>
> – **давать ответ (на + 대격)**: ~에 답변을 하다
>
> – **давать объяснение**: 설명을 해 주다
>
> – **учиться на факультете**: 학부에 재학 중이다
>
> – **учиться на курсе**: ~학년에 재학 중이다 (대학교)
>
> – **учиться в классе**: ~학년에 재학 중이다 (초, 중, 고등학교)

💬 있는 것은 '주격', 없는 것은 '생격'

> – 가지고 있지 않은 것, 존재하지 않는 것은 항상 **'생격'**.

💬 부정 생격에서 동사는 항상 '중성' 형태!

> – 없는 '대상'이 주격이 아닌 생격 → **'주어가 없는 무인칭문'**
>
> – '**нет / не было / не будет**'가 등장하면 **'생격'**이 정답.

💬 목적어가 대격이 아닌 생격으로 표현될 경우!

– 목적어가 물질 명사(사람, 물건 등)가 아닌 **추상 명사(시간, 감정 등)**일 경우에는 '생격'으로 표현.
– 보기에는 항상 '생격'만 주어짐

💬 수사 2~4 다음에 오는 남성, 중성 형용사 활용 주의!

– 남성, 중성 형용사: **복수 생격**
– 남성, 중성 명사: **단수 생격**

💬 셀 수 있는 명사 / 셀 수 없는 명사 여부 주의!

– **수사를 붙여 보고 셀 수 있는지 없는지 여부 구분!**
예 рис → много риса
　　килограмм → сколько килограммов

# 04 어휘 영역 명사 ④    문법 영역 생격 ③

## ✏️ 오늘의 학습 목표

- ✅ 어휘 학습 및 문제 풀이: 명사 ④
- ✅ 문법 개념 설명 및 문제 풀이: 생격 ③
- ✅ 요점 정리 및 필수 표현 정리

## STEP 01 — 어휘 학습

| | |
|---|---|
| живопись | (명) 회화(그림) |
| произведение | (명) 작품 |
| искусство | (명) 예술 |
| 러시아 회화가 나를 흥미롭게 합니다. | Меня интересует русская живопись. |
| 여기에서 다양한 작품들을 볼 수 있습니다. | Здесь можно увидеть разные произведения. |
| 예술은 사람의 인생에서 중요한 역할을 합니다. | Искусство играет важную роль в жизни человека. |

| | |
|---|---|
| билет | (명) 표, 입장권 |
| касса | (명) 매표소, 계산대 |
| выступление | (명) 공연, 발표, 연설 |
| 나는 발레 입장권 5장을 샀습니다. | Я купил 5 билетов на балет. |
| 나는 극장 매표소에서 표를 살 겁니다. | Я куплю билеты в театральной кассе. |
| 우리는 이 발레리나의 첫 공연을 봤습니다. | Мы посмотрели первое выступление этой балерины. |

💬 생격: 6격 중 활용도가 가장 높은 격

**1) 비교 대상 표현 (비교급)**

> – 비교급에서 비교 대상은 'А + 비교급, чем Б'를 활용.

예 – Максим выше, чем Сергей.
 – В Москве холоднее, чем в Сеуле.

> – 비교 대상이 ', чем 주격'일 경우 '생격'으로 대체 가능.

예 Максим выше, чем Сергей. → Максим выше Сергея.

> 주의 비교 대상이 ', чем 주격'이 아닌 경우에는 생격으로 대체 불가.
> 예 В Москве холоднее, чем в Сеуле. → 생격 (X)

**2) 생격 지배 전치사**

| 전치사 | 의미 |
|---|---|
| у | ① 소유: ~한테<br>예 У Марии есть лишняя ручка.<br>② 장소: ~ 옆에<br>예 У окна стоит маленький столик.<br>③ 장소: ~ 집에서 / ~ 댁에서<br>예 Вчера я была в гостях у друга. |
| для | ~를 위해서<br>예 Отец купил игрушки для сына. |
| без | ~없이<br>예 Люди не могут жить без воды. |

| | |
|---|---|
| **кроме** | ① ~을 제외하고, 외에도<br>[예] Все пришли кроме Володи.<br>② ~을 포함해서<br>[예] Кроме русского я умею говорить ещё на 5 языках. |
| **около** | ① ~ 주변에, 근처에<br>[예] Дима живёт около нашего университета.<br>② 약, 대략<br>[예] Мой брат изучает русский язык около года. |
| **напротив** | ~ 맞은편에, 건너편에<br>[예] Я жду тебя напротив парка. |
| **мимо** | ~ 옆을 지나서<br>[예] Почему ты прошёл мимо меня? |
| **вокруг** | ~ 주변으로<br>[예] Мы обошли вокруг этого музея. |
| **до** | ① 장소: ~까지<br>[예] Как дойти до станции метро?<br>② 시간: ~ 전까지<br>[예] Я работал до раннего утра. |
| **из** | ~에서부터 (장소)<br>[예] Я приехал из Кореи. |
| **с** | ① ~에서부터 (장소)<br>[예] Сестра рано вернулась с урока.<br>② ~에서부터 (시간)<br>[예] Магазин работает с утра. |
| **от** | ~한테서 (사람)<br>[예] Я получила письмо от мамы. |

| | |
|---|---|
| **далеко от** | ~에서 먼 곳에<br>예 Мой дедушка живёт далеко от большого города. |
| **недалеко от** | ~에서 멀지 않은 곳에<br>예 Недалеко от нашей фирмы открылся вкусный ресторан. |

## STEP 03 — 어휘 문제 풀이

정답 및 해설 **p.210**

| | |
|---|---|
| – Я изучаю русскую _____ **1** _____ 18-ого века. | (А) живопись<br>(Б) произведение<br>(В) искусство |
| – В Эрмитаже посетители могут увидеть разные _____ **2** _____ . | (А) произведения искусства<br>(Б) живопись<br>(В) искусство |
| – Люди любят говорить о великой силе _____ **3** _____ . | (А) произведений<br>(Б) живописи<br>(В) искусства |
| – Алексей купил _____ **4** _____ на футбол для нас. | (А) билеты<br>(Б) кассу<br>(В) выступление |
| – Вам надо заплатить в _____ **5** _____ . | (А) билеты<br>(Б) кассу<br>(В) выступление |
| – Этот артист показал большой талант в своих _____ **6** _____ . | (А) билетах<br>(Б) кассах<br>(В) выступлениях |

## STEP 04 — 문법 문제 풀이

| | |
|---|---|
| – Ваня старше _____1_____ на 5 лет. | (А) Максим<br>(Б) Максима<br>(В) Максиму<br>(Г) Максимом |
| – Книга интереснее _____2_____. | (А) фильма<br>(Б) фильм<br>(В) в фильме<br>(Г) о фильме |
| – Вчера вечером _____3_____ были гости. | (А) у нас<br>(Б) для нас<br>(В) с нами<br>(Г) к нам |
| – Я купила книги _____4_____. | (А) свой младший брат<br>(Б) своего младшего брата<br>(В) от своего младшего брата<br>(Г) для своего младшего брата |
| – Я не могу заниматься _____5_____. | (А) со словарём<br>(Б) словаря<br>(В) без словаря<br>(Г) кроме словаря |
| – Мы все сдали экзамены _____6_____. | (А) у Светланы<br>(Б) кроме Светланы<br>(В) от Светланы<br>(Г) без Светланы |
| – Марина ждала меня _____7_____. | (А) мимо кинотеатра<br>(Б) до кинотеатра<br>(В) в кинотеатр<br>(Г) около кинотеатра |

| | |
|---|---|
| – _____8_____ находится библиотека. | (А) Вокруг школы<br>(Б) Напротив школы<br>(В) От школы<br>(Г) Из школы |
| – Мы проехали _____9_____ . | (А) около нашего дома<br>(Б) у нашего дома<br>(В) мимо нашего дома<br>(Г) из нашего дома |
| – Это очень красивый парк, поэтому мы<br>обошли _____10_____ . | (А) около него<br>(Б) у него<br>(В) вокруг него<br>(Г) из него |
| – Скажите, пожалуйста,<br>как доехать _____11_____ ? | (А) до железнодорожного<br>вокзала<br>(Б) с железнодорожного<br>вокзала<br>(В) у железнодорожного<br>вокзала<br>(Г) на железнодорожный<br>вокзал |
| – Откуда вы приехали?<br>– Я _____12_____ ? | (А) от Америки<br>(Б) в Америку<br>(В) с Америки<br>(Г) из Америки |
| – Недалеко _____13_____ есть<br>большой магазин. | (А) от моего дома<br>(Б) у моего дома<br>(В) с моего дома<br>(Г) из моего дома |

46    러시아어 토르플 1단계 어휘·문법

## STEP 05 ─ 요점 정리 및 필수 표현 정리

💬 통 단어로 외우기!

- **произведения искусства**: 예술 작품
- **билет + куда** (в / на + 대격): (~로 가는) 입장권

💬 모든 비교 대상이 생격으로 표현되지는 않는다!

- 비교 대상이 '**, чем 주격**'일 경우에 '**생격**'으로 대체 가능!

💬 각각의 전치사 의미를 명확히 구분!

- 한국어 해석이 유사한 전치사들이 종종 있기 때문에 각 전치사의 명확한 의미와 활용법을 구분
  해야 한다는 것을 꼭 기억하기.

# 05 명사 ⑤　여격 ①

✏️ **오늘의 학습 목표**

☑️ 어휘 학습 및 문제 풀이: 명사 ⑤

☑️ 문법 개념 설명 및 문제 풀이: 여격 ①

☑️ 요점 정리 및 필수 표현 정리

---

**STEP 01** — 어휘 학습

| | |
|---|---|
| комната | (명) 방 |
| кабинет | (명) 서재, 진료실, 직무실, 교실 |
| аудитория | (명) 강의실 |
| 우리는 우리 할머니 방에 앉아 있습니다. | Мы сидим в комнате нашей бабушки. |
| 이것은 우리 사장님의 방입니다. | Это кабинет нашего директора. |
| 학생들이 강의실에서 교수님을 기다리고 있습니다. | Студенты ждут профессора в аудитории. |

| | |
|---|---|
| правило | (명) 규정, 규칙 |
| предложение | (명) 문장, 제안 |
| пример | (명) 예시, 예문 |
| 아이들이 문법 규칙을 외우고 있습니다. | Дети учат правила грамматики. |
| 나는 텍스트에 있는 이 문장을 이해하지 못합니다. | Я не понимаю это предложение в тексте. |
| 선생님이 칠판에 예문들을 쓰고 있습니다. | Учитель пишет примеры на доске. |

## STEP 02 ― 문법 개념 설명

💬 여격: '수여(받는 대상)'를 나타내는 대표적인 격

### 1) 수여 (받는 대상: ~에게)

– '**주다**'라는 의미를 지닌 동사들 다음에 '**받는 대상**'이 여격.

| давать | 주다 | рассказывать | 이야기하다 |
|---|---|---|---|
| дарить | 선물하다 | желать | 기원하다 |
| звонить | 전화하다 | покупать | 사다 |
| советовать | 조언하다 | посылать | 보내다 |
| отвечать | 대답하다, 답변하다 | | |

예 Я часто звоню сво<u>им</u> родител<u>ям</u>.

| помогать | 도와주다 |
|---|---|
| обещать | 약속하다 |
| верить | 믿다 |
| мешать | 방해하다 |

예 – Помоги младш<u>ему</u> брату перевести текст!

– Моя сестра часто мешает <u>мне</u> заниматься.

주의 한국어 해석 때문에 다른 격과 헷갈리지 않기!


### 2) 나이 표현

– '**사람 / 사물**'의 나이가 ~ 살이다.
– **대상인 사람 / 사물**이 '**여격**', 나이를 '**주격**'으로 표현.

кому / чему (사람 / 사물 여격) + сколько лет (나이 주격)

예 – Сколько <u>вам</u> лет?

– В этом году Москв<u>е</u> исполняется 871 год.

주의 나이에 따라 'год / года / лет' 형태 변화

| | |
|---|---|
| 1 | год (단수 주격) |
| 2~4 | года (단수 생격) |
| 5~20 | лет (복수 생격) |

예 – Мо<u>ему</u> брат<u>у</u> 21 <u>год</u>.
 – Ва<u>шему</u> отц<u>у</u> 52 <u>года</u>.
 – Мо<u>ей</u> мат<u>ери</u> 48 <u>лет</u>.

3) Нравиться 구문

– '선호하다 / 마음에 들다'

– 선호하는 사람을 '**여격**', 선호하는 대상을 '**주격 / 동사 원형**'으로 표현.

– 주어인 '대상'에 따라 동사 변화.

> кому (사람 여격) + нравится + кто / что (주격)

예 – Максим<u>у</u> очень нравится классика.
 – Дет<u>ям</u> нравятся русские блюда.

| 불완료상 현재 | 완료상 미래 | 주어 |
|---|---|---|
| нравится | понравится | 단수 / 동사 원형 |
| нравятся | понравятся | 복수 |

예 – Тебе <u>нравятся</u> русские песн<u>и</u>?
 – Вам обязательно <u>понравится</u> это<u>т</u> бал<u>ет</u>.
 – Мне <u>нравится</u> <u>смотреть</u> фильмы.

| 불완료상 과거 | 완료상 과거 | 주어 |
|---|---|---|
| нравился | понравился | 남성 |
| нравилась | понравилась | 여성 |
| нравилось | понравилось | 중성 / 동사 원형 |
| нравились | понравились | 복수 |

예 – В детстве Тане <u>нравилось</u> <u>играть</u> на пианино.
주의 동사 원형이 주어 역할을 할 때에는 3인칭 중성 단수 형태인 нравится / нравилось만 활용
 – Мне очень <u>понравилась</u> Москв<u>а</u>.

## STEP 03 ── 어휘 문제 풀이

정답 및 해설 **p.211**

| | |
|---|---|
| – В нашей квартире всего 5 _____1_____ . | (А) комнат<br>(Б) кабинетов<br>(В) аудиторий |
| – Врач принимает в этом _____2_____ . | (А) комнате<br>(Б) кабинете<br>(В) аудитории |
| – Студенты сидят в _____3_____ и слушают лекцию этого известного профессора. | (А) комнате<br>(Б) кабинете<br>(В) аудитории |
| – Максим не любит учить _____4_____ грамматики, и очень плохо говорит по-русски. | (А) правила<br>(Б) предложения<br>(В) примеры |
| – Дети написали _____5_____ диалогов. | (А) правила<br>(Б) предложения<br>(В) примеры |

## STEP 04 ── 문법 문제 풀이

| | |
|---|---|
| – Журналисты всегда задают _____1_____ много вопросов. | (А) спортсменов<br>(Б) со спортсменами<br>(В) о спортсменах<br>(Г) спортсменам |
| – Маша, помогай _____2_____ чаще! Они очень старые. | (А) своим дедушке и бабушке<br>(Б) о своих дедушке и бабушке<br>(В) своих дедушку и бабушку<br>(Г) со своими дедушкой бабушкой |

| | |
|---|---|
| – Я обещала _____3_____ прийти домой пораньше. | (А) мои родители<br>(Б) моим родителям<br>(В) моих родителей<br>(Г) с моими родителями |
| – Саша сейчас занимается, выключи телевизор, громкий звук ___4___ мешает. | (А) его<br>(Б) о нём<br>(В) ему<br>(Г) к нему |
| – Вчера вечером Костя позвонил _____5_____ . | (А) своя любимая девушка<br>(Б) о своей любимой девушке<br>(В) своей любимой девушке<br>(Г) со своей любимой девушкой |
| – Мама часто советует _____6_____ заниматься больше. | (А) моя старшая сестра<br>(Б) о моей старшей сестре<br>(В) мою старшую сестру<br>(Г) моей старшей сестре |
| – У моего сына скоро юбилей! ___7___ уже 20 лет. | (А) Он<br>(Б) Ему<br>(В) С ним<br>(Г) О нём |
| – Вчера ___8___ исполнилось 24 года. У него был день рождения. | (А) Вадим<br>(Б) Вадиму<br>(В) с Вадимом<br>(Г) у Вадима |
| – _____9_____ скоро исполнится 200 лет. | (А) Этот университет<br>(Б) Этого университета<br>(В) Для этого университета<br>(Г) Этому университету |

| | |
|---|---|
| – _____10_____ очень нравятся<br>фантастические романы. | (А) Наш младший сын<br>(Б) Для нашего младшего<br>сына<br>(В) Нашему младшему сыну<br>(Г) У нашего младшего сына |
| – Последний фильм этого известного<br>режиссёра понравился ___11___ . | (А) все<br>(Б) всех<br>(В) обо всех<br>(Г) всем |
| – Когда я училась в школе, ___12___<br>очень нравилось рисовать животных. | (А) мне<br>(Б) ко мне<br>(В) у меня<br>(Г) меня |

## STEP 05  요점 정리 및 필수 표현 정리

💬 함께 쓰는 동사와 같이 기억하기!

- **учить правило**: 규칙을 외우다

💬 의미 명확히 기억하기!

- '**кабинет**'은 용도가 있는 모든 방들을 일컫는 표현.
- 교실, 직무실, 진료실, 서재, 연구실 등등

💬 수여의 대상은 항상 여격!

- '**받는 사람**'은 항상 **여격**으로 표현.
- '**помогать**' 등의 동사는 한국어 해석(~을/를 돕다)과 실제 지배 격(≒ 여격)을 헷갈리지 않도록 주의!

💬 나이의 대상이 되는 '사람 / 사물'도 항상 여격

– '나이가 ~가 되다'라는 의미인 **'사람 / 사물 여격 + исполниться + 나이'** 동사도 기억!

💬 нравиться 동사는 좋아하는 사람이 '여격'

– '~에게(여격) ~이/가(주격) 선호되다 / 마음에 들다'
– 좋아하는 사람이 '여격', **좋아하는 대상이나 행위(동사 원형)**가 **'주어'** 자리에 위치.
– 항상 동사는 주어인 대상 / 동사 원형에 따라 변화!

어휘 영역     문법 영역

# 06 명사 ⑥     여격 ②

✏️ **오늘의 학습 목표**

☑ 어휘 학습 및 문제 풀이: 명사 ⑥

☑ 문법 개념 설명 및 문제 풀이: 여격 ②

☑ 요점 정리 및 필수 표현 정리

---

**STEP 01** ── 어휘 학습

| лыжи | (명 · 복) 스키 |
|---|---|
| коньки | (명 · 복) 스케이트 |
| санки | (명 · 복) 썰매 |
| 나는 스키 타는 것을 좋아합니다. | Мне нравится кататься на лыжах. |
| 소년은 스케이트를 타고 싶어 합니다. | Мальчик хочет кататься на коньках. |
| 어린아이가 썰매를 끌고 갑니다. | Маленький ребёнок тащит санки. |

| учитель | (명) 선생님 |
|---|---|
| ученик | (명) 학생, 제자 |
| учёба | (명) 학업, 학교 생활 |
| 선생님이 우리에게 문법을 설명합니다. | Учитель объясняет нам грамматику. |
| 나의 제자들은 다양한 분야에서 일하고 있습니다. | Мои ученики работают в разных сферах. |
| 엄마는 항상 내 학교 생활에 대해 묻습니다. | Мама всегда спрашивает о моей учёбе. |

💬 여격: '수여(받는 대상)'를 나타내는 대표적인 격

1) 부사 술어 (무인칭문)

– 러시아어에서는 '**부사**'를 술어로 활용 가능.

| надо | ~해야 한다 |
|------|-----------|
| можно | ~해도 된다 |
| нельзя | ~해서는 안 된다 |
| необходимо | 반드시 ~해야 한다 |
| интересно | 재미있다 |
| холодно | 춥다 |

예 – Максиму <u>надо</u> больше заниматься.

❶ 명사와 함께 못 쓰는 '부사'가 술어.

: 주어의 경우, 주격이 아닌 **의미상 주어**에 해당하는 '**여격**'이 활용.

예 – Я интересно смотреть фильмы. (X)

→ <u>Мне</u> интересно смотреть фильмы. (O)

❷ 문장 내에 주격이 없는 **무인칭문**

: 전체 문장을 **중성** 취급, '과거는 было / 미래는 будет'만 활용.

예 – Мне <u>было холодно</u>.

– Мне <u>будет холодно</u>.

## 2) 여격 지배 전치사

| 전치사 | 의미 |
|---|---|
| к | ① 장소: ~ 쪽으로 (접근) <br> 예 Автобус подошёл к остановке. <br> ② 사람: ~ 집으로 <br> 예 Вчера Таня приходила ко мне. |
| благодаря | ~ 덕분에 <br> 예 Я удачно сдал экзамены благодаря учителю. |
| по | ① 장소: ~을 따라서, 여기저기 <br> 예 Я ходил по городу весь день. <br> ② 통신수단: ~을 통해서 <br> 예 Дети слушают музыку по радио. <br> ③ 전공, 분야: ~에 따른 시험, 수업 등 <br> 예 Я сдал экзамен по истории. <br> ④ 시간: ~마다, 매 (복수 여격) <br> 예 По утрам я бегаю на стадионе. |

## 3) 기타 여격 지배 동사

| 동사 | 의미 |
|---|---|
| радоваться + 여격 | ~에 기뻐하다 |
| принадлежать + 여격 | ~의 소유이다 |
| 여격 + удаваться + 동사 원형 | 성공하다 |
| привыкать + к 여격 | 적응하다 |
| готовиться + к 여격 | 대비하다 |
| относиться + к 여격 | 태도를 취하다 |

| | |
|---|---|
| – Мы все любим кататься _____1_____ . | (А) на лыжах<br>(Б) на автобусе<br>(В) на санках |
| – В этой школе работают хорошие _____2_____ . | (А) учителя<br>(Б) ученики<br>(В) учёба |
| – _____3_____ стараются хорошо учиться. | (А) Учителя<br>(Б) Ученики<br>(В) Учёба |
| – Во время _____4_____ Максим подрабатывает в библиотеке. | (А) учителя<br>(Б) ученика<br>(В) учёбы |

**STEP 04** ── 문법 문제 풀이

| | |
|---|---|
| – Его _____1_____ надо сдать вступительный экзамен. | (А) младшие братья<br>(Б) младшими братьями<br>(В) младших братьев<br>(Г) младшим братьям |
| – _____2_____ необходимо осмотреть больных внимательно. | (А) Этот врач<br>(Б) Этому врачу<br>(В) Этим врачом<br>(Г) К этому врачу |
| – _____3_____ интересно заниматься йогой. | (А) Этой молодой девушке<br>(Б) Эту молодую девушку<br>(В) С этой молодой девушкой<br>(Г) У этой молодой девушки |

| | |
|---|---|
| – Вчера вечером _____4_____ было очень холодно, и он простудился. | (А) ребёнок<br>(Б) ребёнка<br>(В) ребёнку<br>(Г) о ребёнке |
| – Скоро Новый год, и _____5_____ надо будет позвонить своим родителям. | (А) Мария<br>(Б) Марию<br>(В) Марии<br>(Г) о Марии |
| – Незнакомый человек подошёл _____6_____ и спросил дорогу. | (А) у нас<br>(Б) для нас<br>(В) с нами<br>(Г) к нам |
| – В прошлом году Анастасия ездила _____7_____ в Москву. | (А) моя двоюродная сестра<br>(Б) моей двоюродной сестре<br>(В) к моей двоюродной сестре<br>(Г) у моей двоюродной сестры |
| – Я вовремя написала контрольную работу _____8_____ . | (А) от друга<br>(Б) благодаря другу<br>(В) к другу<br>(Г) у друга |
| – Я хожу _____9_____ , чтобы купить сувениры друзьям. | (А) по магазинам<br>(Б) к магазину<br>(В) в магазины<br>(Г) около магазинов |
| – Марина часто пишет мне _____10_____ . | (А) с электронной почтой<br>(Б) электронную почту<br>(В) по электронной почте<br>(Г) на электронной почте |

| | |
|---|---|
| – Антон Михайлович стал специалистом<br>_____ 11 _____ . | (А) русского искусства<br>(Б) от русского искусства<br>(В) по русскому искусству<br>(Г) о русском искусстве |
| – Я хожу в бассейн _____ 12 _____ . | (А) в воскресенье<br>(Б) от воскресенья<br>(В) всё воскресенье<br>(Г) по воскресеньям |
| – _____ 13 _____ не удалось купить учебники. | (А) Дети<br>(Б) Детей<br>(В) Детьми<br>(Г) Детям |
| – Я уже привыкла _____ 14 _____ . | (А) русский холодный<br>климат<br>(Б) без русского холодного<br>климата<br>(В) к русскому холодному<br>климату<br>(Г) из русского холодного<br>климата |
| – Наши ученики усердно готовятся<br>_____ 15 _____ . | (А) экзамены<br>(Б) экзаменов<br>(В) к экзаменам<br>(Г) с экзаменами |

## STEP 05 — 요점 정리 및 필수 표현 정리

💬 통 단어로 외우기!

> – кататься (+ на чём) – на лыжах / на коньках / на санках
>  : ~을 타다 (스키를 / 스케이트를 / 썰매를).

💬 부사 술어는 주어와 쓸 수 없는 무인칭문!

> – 의미상 주어가 '여격', 시제도 중성 형태 'было / будет'만 활용!

💬 전치사 각각의 의미를 명확히 구분!

> – 수여의 의미인 '여격 (~에게)'과 방향(목적지)의 의미인 'к + 여격 (~에게로)' 헷갈리지 않기

# 07

**어휘 영역**
## 명사 ⑦

**문법 영역**
## 대격 ①

## ✏️ 오늘의 학습 목표

☑️ 어휘 학습 및 문제 풀이: 명사 ⑦

☑️ 문법 개념 설명 및 문제 풀이: 대격 ①

☑️ 요점 정리 및 필수 표현 정리

---

**STEP 01** — 어휘 학습

| | |
|---|---|
| объявление | (명) 공지, 공고 |
| заявление | (명) 요청, 요청서 |
| сообщение | (명) 안내, 메시지 |

| | |
|---|---|
| 대학교에 새로운 도서관 건설에 대한 큰 공지가 걸려 있었습니다. | В университете висело большое объявление о строительстве новой библиотеки. |
| 나는 사장님께 휴가 관련 요청서를 드렸습니다. | Я отдал директору заявление об отпуске. |
| 우리는 가이드로부터 중요한 메시지를 받았습니다. | Мы получили важное сообщение от гида. |

| | |
|---|---|
| больной | (명) 환자 |
| учёный | (명) 학자 |
| столовая | (명) 식당 |

| | |
|---|---|
| 의사가 이 환자를 진찰하고 있습니다. | Врач осматривает этого больного. |
| 컨퍼런스로 유명한 학자들을 초대했습니다. | На конференцию пригласили известных учёных. |
| 새 식당이 우리 학부에 문을 열었습니다. | На нашем факультете открылась новая столовая. |

## STEP 02 — 문법 개념 설명

💬 대격: 목적어 '~을/를'을 표현하는 대표적인 격

1) 직접 목적어

– 타동사 뒤에 '~을/를'에 해당하는 목적어로 활용.

– '-ть'로 끝나는 대부분의 동사가 **타동사**.

예 – <u>Что</u> вы купили вчера? – Я купил <u>новую</u> <u>книгу</u>.

   – Я хочу познакомить <u>вас</u> со своим братом.

| благодарить | 고마워하다 |
|---|---|
| поздравлять | 축하하다 |
| предупреждать | 예고하다 |
| просить | 부탁하다 |
| спрашивать | 질문하다 |

예 – Я всегда обо всём спрашиваю свою <u>сестру</u>.

주의 한국어 해석 때문에 다른 격과 헷갈리지 않기! 예를 들어, 위 문장의 경우 '나는 항상 모든 것에 관해 내 여동생(또는 누나)에게 물어봅니다'와 같이 해석되며, 이때 러시아어에서 대격으로 쓰인 свою сестру가 우리말에서는 '~에게'로 번역됩니다. 그러므로 격을 꼼꼼하게 외우는 습관을 들이길 추천 드립니다.

2) 방향을 나타내는 장소 (куда)

– '~로 / ~으로'라는 **방향성**을 나타낼 때 **대격** 활용.

| в + 대격 | (닫혀진 공간) 안으로 |
|---|---|
| на + 대격 | (펼쳐진 공간) ~로 |
| за + 대격 | ~ 뒤로 / ~ 너머로 |
| под + 대격 | ~ 밑으로 / ~ 근교로 |

예 – Вчера мы ходили <u>в</u> Русск<u>ий</u> музе<u>й</u>.

   – Я люблю ездить <u>за</u> город.

3) куда 형태의 장소와 함께 쓰이는 동사

| опаздывать | ~에 늦다 / 지각하다 |
|---|---|
| поступать | ~로 입학하다 |
| ставить | ~로 ~을 세우다 |
| класть | ~로 ~을 놓다(두다) |
| вешать | ~로 ~을 걸다 |
| садиться | ~로 앉다 / ~에 타다 |
| идти | ~로 걸어가다 |

예 – Нельзя ставить телевизор <u>под</u> стол.

– Ребята, садитесь <u>на</u> своё мест<u>о</u>!

STEP 03 어휘 문제 풀이        정답 및 해설 p.213

| | |
|---|---|
| – Перед входом висит _____1_____ о переносе экскурсии. | (А) объявление<br>(Б) заявление<br>(В) сообщение |
| – Я решила уйти с работы, я написала _____2_____ об уходе. | (А) объявление<br>(Б) заявление<br>(В) сообщение |
| – Уже 9 часов! Напиши Максиму _____3_____ , что мы опаздываем! | (А) объявление<br>(Б) заявление<br>(В) сообщение |
| – _____4_____ должен лежать в больнице. | (А) Больной<br>(Б) Учёный<br>(В) Столовая |
| – Этот _____5_____ изучает природу. | (А) больной<br>(Б) учёный<br>(В) столовая |
| – Студенты обычно обедают _____6_____ . | (А) в столовой<br>(Б) о больном<br>(В) об учёном |

## STEP 04 ─ 문법 문제 풀이

| | |
|---|---|
| – Я положил _____1_____ на стол. | (А) паспорту<br>(Б) о паспорте<br>(В) паспорт<br>(Г) с паспортом |
| – Какой-то мужчина остановил _____2_____ . | (А) нашу машину<br>(Б) нашей машиной<br>(В) наша машина<br>(Г) с нашей машиной |
| – В прошлом году этот учёный получил _____3_____ . | (А) Нобелевская премия<br>(Б) Нобелевскую премию<br>(В) Нобелевской премией<br>(Г) Нобелевской премии |
| – На собрании обсуждали _____4_____ . | (А) интересной темой<br>(Б) интересную тему<br>(В) об интересной теме<br>(Г) к интересной теме |
| – На выставке я встретил _____5_____ . | (А) известных русских художников<br>(Б) известным русским художникам<br>(В) с известными русскими художниками<br>(Г) об известных русских художниках |
| – Все студенты поздравили _____6_____ с Новым годом. | (А) свои профессора<br>(Б) своим профессорам<br>(В) своих профессоров<br>(Г) со своими профессорами |
| – Учитель предупредил _____7_____ о переносе экскурсии. | (А) свои ученики<br>(Б) со своими учениками<br>(В) своим ученикам<br>(Г) своих учеников |

| | |
|---|---|
| – Надо поставить новый диван _____8_____ . | (A) у гостиной<br>(Б) перед гостиной<br>(В) в гостиную<br>(Г) на гостиную |
| – Я хочу поступить _____9_____ . | (A) в Московской консерватории<br>(Б) Московской консерватории<br>(В) в Московскую консерваторию<br>(Г) с Московской консерваторией |
| – Положите свои документы _____10_____ ! | (A) на стол<br>(Б) на столе<br>(В) под столом<br>(Г) в столе |
| – Проходите в комнату и садитесь _____11_____ ! | (A) на диване<br>(Б) на диван<br>(В) с дивана<br>(Г) в диван |
| – Будущим врачам нельзя опаздывать _____12_____ . | (A) под практику<br>(Б) за практику<br>(В) на практику<br>(Г) на практике |
| – Я хочу поехать _____13_____ , когда у меня будет отпуск. | (A) за границу<br>(Б) за границей<br>(В) под границей<br>(Г) на границе |
| – Ручка упала _____14_____ . | (A) на письменном столе<br>(Б) в письменном столе<br>(В) под письменным столом<br>(Г) под письменный стол |

## STEP 05 — 요점 정리 및 필수 표현 정리

💬 일부 형용사가 단독으로 사용될 때 명사가 되는 경우 주의!

- больной: 환자 (형. 아픈)
- учёный: 학자 (형. 박식한)
- столовая: 식당 (형. 식탁의)

💬 타동사 + 직접 목적어 (~을/를)

- '-ть' 형태로 끝나는 동사들 대부분 대격이 오는 **타동사!**

💬 방향성을 띠는 장소 표현은 '전치사 + 대격!'

- 'куда 형태의 장소'와 결합하는 동사 기억하기!

# 08 형용사 ① 대격 ②

✏️ **오늘의 학습 목표**

☑️ 어휘 학습 및 문제 풀이: 형용사 ①

☑️ 문법 개념 설명 및 문제 풀이: 대격 ②

☑️ 요점 정리 및 필수 표현 정리

---

**STEP 01** 어휘 학습

| старый | (형) 늙은, 낡은, 오래된 |
|---|---|
| старший | (형) 나이가 더 많은 |
| старинный | (형) 고풍스러운, 예스러운 |
| 나는 오래된 물건을 수집하는 것을 좋아합니다. | Я люблю собирать старые вещи. |
| 나의 형(오빠)은 법률 회사에서 일합니다. | Мой старший брат работает в юридической фирме. |
| 모스크바에는 예스러운 건물들이 많습니다. | В Москве много старинных зданий. |

| молодой | (형) 젊은 |
|---|---|
| младший | (형) 나이가 더 어린 |
| маленький | (형) 작은, 어린 |
| 젊은이들은 클럽에서 춤을 추는 것을 좋아합니다. | Молодые люди любят танцевать на дискотеке. |
| 나의 여동생은 곧 유치원에 갑니다. | Моя младшая сестра скоро пойдёт в детский сад. |
| 내 어린 아들이 말하는 것을 배웠습니다. | Мой маленький сын научился говорить. |

**STEP 02** — **문법 개념 설명**

💬 대격: 목적어 '~을/를'을 표현하는 대표적인 격

1) 대격 지배 전치사

| 전치사 | 의미 |
|---|---|
| в | ① 장소: ~ (안)으로 (куда)<br>예 Положи молоко в холодильник!<br>Я вошёл в кабинет директора.<br><br>② 시간: ~ 시에, ~ 요일에 (когда)<br>예 Урок начался в 9 часов утра.<br>Я поеду в Москву в эту субботу. |
| на | ① 장소: ~ (위)로 (куда)<br>예 Мама поставила радио на стол.<br><br>② 특정 시간: ~할 때 (쓰려고)<br>예 На Новый год люди покупают подарки родным и друзьям.<br><br>③ 예정: ~ 예정으로, ~ 만큼<br>예 Брат взял этот журнал на 4 дня. |
| за | ① 장소: ~ 뒤로 / ~ 너머로 (куда)<br>예 Я часто езжу за город.<br><br>② ~에 대한 고마움, 미안함<br>예 Большое спасибо за внимание.<br><br>③ 시간: ~만에 (결과)<br>예 Я закончила эту работу за час. |
| под | 장소: ~ 밑으로, 근교로 (куда)<br>예 Собака заползала под машину. |
| через | 시간, 장소: ~ 후에/지나서<br>예 Я вернусь домой через неделю.<br>Выходите через 3 остановки! |
| (тому) назад | 시간: ~ 전에<br>예 Маша сдала выпускной экзамен месяц (тому) назад. |

## 2) 기타 대격 지배 동사

| 동사 | 의미 |
|---|---|
| надеяться + на 대격 | (~을) 희망하다 |
| влиять + на 대격 | (~에) 영향을 미치다 |
| обращать внимание + на 대격 | (~에) 주목하다, 집중하다 |
| обижаться + на 대격 | (~에게) 기분이 상하다 |
| сердиться + на 대격 | (~에게) 화나다 |
| благодарить + за 대격 | (~에 대해) 고마워하다 |

---

**STEP 03** **어휘 문제 풀이**                    정답 및 해설 **p.214**

| | |
|---|---|
| – В этом зале висит _____1_____ картина. | (А) старая<br>(Б) старшая<br>(В) старинная |
| – Мой младший сын учится в школе,<br>а _____2_____ в университете. | (А) старый<br>(Б) старший<br>(В) старинный |
| – Мой _____3_____ брат скоро пойдёт в<br>школу. | (А) молодой<br>(Б) младший<br>(В) маленький |
| – Многие _____4_____ люди стараются поступить<br>в этот университет. | (А) молодые<br>(Б) младшие<br>(В) маленькие |

## STEP 04 ─ 문법 문제 풀이

| | |
|---|---|
| – _____1_____ вошла моя кошка. | (А) В комнате<br>(Б) На комнате<br>(В) В комнату<br>(Г) На комнату |
| – Эта больница не работает _____2_____ . | (А) воскресенье<br>(Б) от воскресенья<br>(В) в воскресенье<br>(Г) на воскресенье |
| – Дети перешли _____3_____ улицы. | (А) на другой стороне<br>(Б) на другую сторону<br>(В) за другую сторону<br>(Г) в другую сторону |
| – Мама купила хлеб и молоко _____4_____ . | (А) за ужин<br>(Б) с ужином<br>(В) на ужин<br>(Г) без ужина |
| – _____5_____ вы приехали в Москву? | (А) Сколько<br>(Б) От скольки<br>(В) На сколько<br>(Г) До скольки |
| – Мы с братом часто ездим _____6_____ . | (А) за городом<br>(Б) за город<br>(В) под городом<br>(Г) в городе |
| – Женя поблагодарил меня _____7_____ . | (А) к помощи<br>(Б) о помощи<br>(В) за помощь<br>(Г) для помощи |
| – Дима написал дипломную работу _____8_____ . | (А) год<br>(Б) за год<br>(В) в год<br>(Г) на год |

| | |
|---|---|
| – Ручка упала _____9_____. | (А) мою кровать<br>(Б) под моей кроватью<br>(В) под мою кровать<br>(Г) на моей кровати |
| – Мы выходим из трамвая _____10_____. | (А) через одну остановку<br>(Б) одну остановку назад<br>(В) на одну остановку<br>(Г) за одну остановку |
| – Отец вернулся из командировки _____11_____. | (А) неделю<br>(Б) на неделю<br>(В) неделю назад<br>(Г) в неделю |
| – Молодые люди надеются _____12_____. | (А) большой успех<br>(Б) на большой успех<br>(В) о большом успехе<br>(Г) на большом успехе |
| – Проблемы экологии во многом влияют _____13_____. | (А) на климат<br>(Б) к климату<br>(В) о климате<br>(Г) из климата |
| – Ребята, обратите внимание _____14_____! | (А) доску<br>(Б) о доске<br>(В) к доске<br>(Г) на доску |

STEP 05 **요점 정리 및 필수 표현 정리**

💬 비슷하게 생긴 형용사 의미 구분하기!

- **старый** + 사람 / 사물: 늙은 / 낡은, 오래된
- **старший** + 사람: (~보다) 손윗사람의, 나이가 더 많은
- **старинный** + 사물: 고풍스러운, 예스러운

💬 비슷하게 생긴 형용사 의미 구분하기!

- **молодой** + 사람: 젊은
- **младший** + 사람: (~보다) 손아랫사람의, 나이가 더 적은
- **маленький** + 사람 / 사물: 어린 / (크기가) 작은

💬 전치사 각각의 의미를 명확히 구분!

- **하나의 전치사**가 **여러 의미**를 가지고 있는 경우 주의하기!

💬 대격 지배 동사는 전치사와 함께 기억하기!

- 동사별로 어떤 전치사와 함께 활용하는지 통 단어로 기억하기!

# 09

어휘 영역 **형용사 ②** 문법 영역 **조격 ①**

## ✏️ 오늘의 학습 목표

☑️ 어휘 학습 및 문제 풀이: 형용사 ②

☑️ 문법 개념 설명 및 문제 풀이: 조격 ①

☑️ 요점 정리 및 필수 표현 정리

**STEP 01** — 어휘 학습

| трудный | (형) 어려운 |
|---|---|
| тяжёлый | (형) 힘든, 무거운 |
| лёгкий | (형) 쉬운, 가벼운 |
| 내 생각에 중국어는 엄청 어려운 것 같습니다. | Мне кажется, что китайский язык очень трудный. |
| 나를 도와줘! 이 캐리어는 엄청 무거워! | Помоги мне! Этот чемодан очень тяжёлый. |
| 질문은 쉬웠지만, 나는 거기에 답변을 못했습니다. | Вопрос был лёгким, но я не смог ответить на него. |

| громкий | (형) 소리가 큰 |
|---|---|
| спокойный | (형) 평온한 |
| тихий | (형) 조용한 |
| 내 아들은 항상 소리가 큰 음악을 듣습니다. | Мой сын всегда слушает громкую музыку. |
| 여러분, 평온한 밤 되세요! (안녕히 주무세요.) | Ребята, спокойной ночи! |
| 조용한 소년이 눈에 띄지 않게 방 안으로 들어왔습니다. | Тихий мальчик незаметно вошёл в комнату. |

## STEP 02 — 문법 개념 설명

💬 조격: '도구, 수단, 자격'을 표현하는 대표적인 격

1) 도구, 수단

– '~을 활용 / 사용해서'

예 – Чем ты пишешь?

   – Я пишу карандашом.

> 주의 도구, 수단으로서 '조격'과 '~와 함께'를 뜻하는 'c + 조격'을 헷갈리지 않게 주의!
>
> 예 Я пишу с карандашом. (X) → Я пишу карандашом. (O)

2) 자격, 직업

– 사람의 자격, 직업을 표현할 때 활용.

– '~(직업)으로서 일하다'라는 의미.

> Работать + кем (직업 명사 조격)

예 – Кем вы работаете?

   – Я работаю учителем.

   – Мой отец работал инженером на заводе.

3) '~이다 / ~이 되다'

– '~이다 / ~이 되다' 동사의 보어로 '명사, 형용사 조격' 활용.

| быть | ~이다 |
|---|---|
| становиться – стать | ~이 되다 |
| являться | ~이다 |

예 – Я хочу стать известным музыкантом.

   – Сеул является столицей Кореи.

| | |
|---|---|
| – Ученики выполнили все _____1_____ задания. | (А) трудные<br>(Б) тяжёлые<br>(В) лёгкие |
| – У меня очень _____2_____ сумка. | (А) трудная<br>(Б) тяжёлая<br>(В) лёгкая |
| – Я слышу очень _____3_____ звуки. | (А) громкие<br>(Б) спокойные<br>(В) тихие |
| – Желаю вам _____4_____ ночи! | (А) громкой<br>(Б) спокойной<br>(В) тихой |

STEP 04 ─| 문법 문제 풀이

| | |
|---|---|
| – Дети рисуют _____1_____ . | (А) цветные карандаши<br>(Б) цветным карандашам<br>(В) цветными карандашами<br>(Г) с цветными<br>       карандашами |
| – Мама открыла дверь _____2_____ . | (А) ключа<br>(Б) ключу<br>(В) с ключом<br>(Г) ключом |
| – Я мелко нарезала овощи _____3_____ . | (А) острый нож<br>(Б) острым ножом<br>(В) острому ножу<br>(Г) острого ножа |

– Я хочу увидеть Кремль _____4_____ .

(А) свои глаза
(Б) своим глазам
(В) со своими глазами
(Г) своими глазами

– Максим сделал этот маленький стульчик _____5_____ .

(А) своим рукам
(Б) своими руками
(В) со своими руками
(Г) о своих руках

– Миша работает _____6_____ фирмы.

(А) директор
(Б) директора
(В) директором
(Г) директору

– Майя хочет работать _____7_____ детского сада.

(А) воспитатель
(Б) воспитателю
(В) воспитателем
(Г) воспитателя

– Раньше моя мама работала _____8_____ в библиотеке нашего университета.

(А) библиотекарь
(Б) библиотекаря
(В) библиотекарю
(Г) библиотекарем

– После окончания учёбы я хочу работать _____9_____ , как мои родители.

(А) архитектором
(Б) архитектора
(В) архитектору
(Г) об архитекторе

– Мой брат был _____10_____ Большого театра.

(А) артисту
(Б) с артистом
(В) артистом
(Г) артиста

– Я хочу стать _____11_____ .

(А) известный критик
(Б) известному критику
(В) известного критика
(Г) известным критиком

| | |
|---|---|
| – Ваня сдал выпускной экзамен, и он скоро станет _____12_____ . | (А) юрист<br>(Б) юристом<br>(В) юристу<br>(Г) юриста |
| – Озеро Байкал является _____13_____ в мире. | (А) самое большое озеро<br>(Б) самого большого озера<br>(В) самым большим озером<br>(Г) на самом большом озере |
| – Красная площадь является _____14_____ , не только Москвы, но и всей России. | (А) символом<br>(Б) о символе<br>(В) с символом<br>(Г) к символу |

## STEP 05 ─ 요점 정리 및 필수 표현 정리

💬 의미가 여러 개인 형용사 주의하기!

- **тяжёлый**: 힘든 / 무거운
- **лёгкий**: 쉬운 / 가벼운

💬 '조격'과 'c + 조격' 혼동하지 않기!

- 자격 (~로서) / 도구, 수단 (~로써): 조격
- 동반, 수반 (~와 함께): c + 조격

💬 명사, 형용사 보어는 러시아어에서 조격으로 표현!

- 러시아어에서 '~이다 / ~이 되다'라는 의미의 동사 다음에 수반되는 명사, 형용사는 '조격'으로 활용.

어휘 영역　　　　문법 영역

# 10 형용사 ③ 조격 ②

## 🖉 오늘의 학습 목표

☑ 어휘 학습 및 문제 풀이: 형용사 ③

☑ 문법 개념 설명 및 문제 풀이: 조격 ②

☑ 요점 정리 및 필수 표현 정리

## STEP 01 ─ 어휘 학습

| вкусный | (형) 맛있는 |
| --- | --- |
| свежий | (형) 신선한 |
| полезный | (형) 유익한, 몸에 좋은 |
| 엄마는 맛있는 요리를 준비합니다. | Мама готовит вкусные блюда. |
| 이 가게에서는 신선한 과일을 판매합니다. | В этом магазине продают свежие фрукты. |
| 사람들은 건강을 위해 몸에 좋은 채소를 먹어야만 합니다. | Люди должны есть полезные овощи для здоровья. |

| холодный | (형) 차가운, 추운 |
| --- | --- |
| жаркий | (형) 더운 |
| горячий | (형) 뜨거운 |
| 나는 차가운 커피만 마십니다. | Я пью только холодный кофе. |
| 나는 이렇게 더운 날은 못 참습니다. | Я не могу терпеть такие жаркие дни. |
| 조심하세요! 이것은 엄청 뜨거운 물이에요. | Осторожно! Это очень горячая вода. |

💬 조격: '도구, 수단, 자격'을 표현하는 대표적인 격

### 1) 조격 지배 전치사

| 전치사 | 의미 |
|---|---|
| с | ① 동반: ~와 함께<br>예 Я часто встречаюсь <u>с</u> <u>друзьями</u>.<br>② ~을 곁들인, ~을 넣은<br>예 Я люблю салат <u>с</u> <u>яйцом</u>. |
| между | 장소: ~ 사이에, ~ 간에<br>예 Россия находится <u>между</u> <u>Европой</u> и <u>Азией</u>. |
| за | ① 장소: ~ 뒤에서 /~ 너머에서 (где)<br>예 Я часто отдыхаю <u>за</u> <u>городом</u>.<br>② 목적: ~을 위해<br>예 <u>Зачем</u> вы приехали в Россию? |
| под | 장소: ~ 밑에서 / ~ 근교에서 (где)<br>예 Кошка спит <u>под</u> <u>столом</u>. |
| над | 장소: ~ 위에<br>예 Птицы летают <u>над</u> <u>морем</u>. |
| перед | ① 장소: ~ 앞에<br>예 <u>Перед</u> <u>нашим</u> <u>домом</u> растут красивые цветы.<br>② 시간: ~ 전에<br>예 Вымой руки <u>перед</u> <u>обедом</u>! |

2) 기타 조격 지배 동사

| 동사 | 의미 |
|---|---|
| заниматься + 조격 | ~하다 |
| увлекаться + 조격 | 몰입하다 |
| пользоваться + 조격 | 사용하다 |
| интересоваться + 조격 | 관심이 있다 |
| гордиться + 조격 | 자랑하다 |
| смеяться + над 조격 | (비)웃다 |
| извиняться + перед 조격 | (~한테) 사과하다 |

---

## STEP 03 — 어휘 문제 풀이                           정답 및 해설 p.216

| | |
|---|---|
| – В этом ресторане готовят ____1____ блюда. | (А) вкусные<br>(Б) свежие<br>(В) полезные |
| – Я каждый день покупаю ____2____ газеты. | (А) вкусные<br>(Б) свежие<br>(В) полезные |
| – Мой брат пьёт только ____3____ кофе. | (А) холодный<br>(Б) жаркий<br>(В) горячий |
| – Сегодня очень ____4____ день. | (А) холодный<br>(Б) жаркий<br>(В) горячий |

| | |
|---|---|
| – Я часто переписываюсь _____1_____ . | (А) своим русским друзьям<br>(Б) со своими русскими друзьями<br>(В) своих русских друзей<br>(Г) для своих русских друзей |
| – Я очень люблю сэндвич _____2_____ . | (А) сыра<br>(Б) от сыра<br>(В) с сыром<br>(Г) у сыра |
| – Этот магазин находится _____3_____ . | (А) на здания<br>(Б) между зданиями<br>(В) под зданием<br>(Г) в здание |
| – Машина стоит _____4_____ . | (А) за нашим домом<br>(Б) над нашим домом<br>(В) с нашим домом<br>(Г) в нашем доме |
| – Мама зашла в магазин _____5_____ . | (А) продукты<br>(Б) продуктами<br>(В) с продуктами<br>(Г) за продуктами |
| – Самолёт летит _____6_____ . | (А) с синим морем<br>(Б) над синим морем<br>(В) под синим морем<br>(Г) за синим морем |
| – _____7_____ растут цветы. | (А) К нашему университету<br>(Б) Мимо нашего университета<br>(В) Перед нашим университетом<br>(Г) С нашим университетом |

| | |
|---|---|
| – Мы вернулись домой _____8_____ . | (А) обед<br>(Б) за обед<br>(В) перед обедом<br>(Г) над обедом |
| – Я занимаюсь _____9_____ в свободное время. | (А) плаванием<br>(Б) с плаванием<br>(В) о плавании<br>(Г) плавание |
| – Саша увлекается _____10_____ . | (А) компьютерные игры<br>(Б) на компьютерные игры<br>(В) о компьютерных играх<br>(Г) компьютерными играми |
| – Студенты нашего факультета очень интересуются _____11_____ . | (А) русскую живопись<br>(Б) к русской живописи<br>(В) о русской живописи<br>(Г) русской живописью |
| – Родители всегда гордятся _____12_____ . | (А) своего сына<br>(Б) о своём сыне<br>(В) к своему сыну<br>(Г) своим сыном |
| – Маша долго извинялась _____13_____ за опоздание. | (А) перед Максимом<br>(Б) за Максимом<br>(В) к Максиму<br>(Г) Максиму |

💬 Холодный의 반의어는 두 개!

- **холодный**: 추운, 차가운
- **жаркий**: 더운 / **горячий**: 뜨거운

💬 각 전치사의 의미를 명확히 구분!

- **장소를 표현할 때 조격(где)/ 대격(куда)**이 되는 경우 주의해서 활용!

💬 조격 수반 동사는 의미상 목적어가 대격이 아닌 '조격'!

- 한국어 해석 때문에 '대격'을 쓰지 않도록 주의!

# 11   어휘 영역   형용사 ④    문법 영역   전치격 ①

## ✏️ 오늘의 학습 목표

☑️ 어휘 학습 및 문제 풀이: 형용사 ④

☑️ 문법 개념 설명 및 문제 풀이: 전치격 ①

☑️ 요점 정리 및 필수 표현 정리

---

**STEP 01** — **어휘 학습**

| дорогой | (형) 비싼 / 귀중한, 소중한 |
| --- | --- |
| уважаемый | (형) 존경받는 |
| добрый | (형) 착한 / 좋은 |
| 나는 비싼 가방 사는 것을 좋아합니다. | Я люблю покупать дорогие сумки. |
| 바짐은 자기 도시에서 존경받는 의사입니다. | Вадим – уважаемый в своём городе врач. |
| 세상에는 좋은 사람들이 더 많습니다. | В мире больше добрых людей. |

| детский | (형) 어린이의 |
| --- | --- |
| взрослый | (형) 성인의 / (명) 성인 |
| пожилой | (형) 연로한, 중년의 |
| 내 아이들은 아동용 영화를 자주 봅니다. | Мои дети часто смотрят детские фильмы. |
| 성인들은 가끔 어려움을 참습니다. | Взрослые (люди) иногда терпят трудности. |
| 연로하신 분들은 자신의 건강을 소중히 해야 합니다. | Пожилые люди должны беречь своё здоровье. |

💬 전치격: 장소 '~에서 (где)'를 표현하는 대표적인 격

**1) 장소 '~에서'**

– '~에서'라는 고정된 장소를 나타낼 때 전치격 활용.

| в + 전치격 | (닫혀진 공간) 안에서 |
|---|---|
| на + 전치격 | (펼쳐진 공간) 위에서 |

예 – Вчера мы были в Русском музее.

    – Я послала письмо на почте.

– 예외적으로 в / на를 쓰는 장소

| в командировке | 출장에서 |
|---|---|
| в Крыму | 크림 (반도)에서 |
| на вокзале | 역에서 |
| на почте | 우체국에서 |
| на заводе | 공장에서 |
| на Украине | 우크라이나에서 |

예 – Мой старший брат работает на заводе.

– 전치사 в / на 다음에 어미가 –у / –ю의 모습을 갖고 강세가 변하는 명사

| в саду | 정원에서 | на мосту | 다리에서 |
|---|---|---|---|
| в лесу | 숲에서 | на полу | 바닥에서 |
| в аэропорту | 공항에서 | на берегу | 기슭에서 |
| в /на углу | 구석(코너)에서 | в бою | 전투에서 |
| в году | ~년에 | в раю | 천국에서 |

예 – В прошлом году я работала в аэропорту.

### 2) Где 형태의 장소와 함께 쓰이는 동사

| 동사 | 의미 |
|---|---|
| учиться | ~에서 재학 중이다 / 수학하다 / 유학하다 |
| остановиться | ~에 멈추다 |
| стоять | ~에 서 있다 |
| лежать | ~에 놓여 있다 |
| висеть | ~에 걸려 있다 |
| сидеть | ~에 앉아 있다 |
| находиться | ~에 위치하다 |

### 3) о / об + 전치격: ~에 대해서

– '~에 대한' 정보 전달을 나타낼 때 전치격 활용.

| рассказывать + о 전치격 | ~에 대해 이야기하다 |
|---|---|
| думать + о 전치격 | ~에 대해 생각하다 |
| спрашивать + о 전치격 | ~에 대해 질문하다 |

예 – Я часто думаю о своих родителях.

    – Учитель интересно рассказывает о Москве.

### ❶ об 가 되는 경우

> 'а / э / и / о / у'로 시작하는 명사와는 'об'

예 – Я часто думаю об учителе Владимире Ивановиче.

### ❷ обо가 되는 경우

| обо мне | 나에 대해서 |
|---|---|
| обо всём | 모든 것에 대해서 (중성) |
| обо всех | 모든 사람들에 대해서 (복수) |

예 – Я часто думаю обо всех новых студентах.

**❸** в / на + -у / -ю (강세가 어미로 변화)로 변하는 명사 주의

> 전치사 в / на 다음에 -у / -ю (강세 변화)
>
> → 전치사 о / об 다음에는 원래 전치격 규칙대로 변화
>
> ① 강세 변화 없음
>
> ② 어미 -e로 변화

[예] – Я работаю в новом аэропорту.

– Я говорю о новом аэропорте.

---

STEP 03 ── 어휘 문제 풀이         정답 및 해설 p.217

| | |
|---|---|
| – _____1_____ друзья!<br>Мы рады видеть вас в нашем театре. | (А) Дорогие<br>(Б) Уважаемые<br>(В) Добрые |
| – Отдам собаку в _____2_____ руки. | (А) дорогие<br>(Б) уважаемые<br>(В) добрые |
| – Маленький Ваня всегда рассказывает маме о своём _____3_____ саде. | (А) детском<br>(Б) взрослом<br>(В) пожилом |
| – _____4_____ люди часто вспоминают о своём детстве. | (А) Детские<br>(Б) Взрослые<br>(В) Пожилые |

STEP 04 ─ 문법 문제 풀이

| | |
|---|---|
| – Новый океанариум находится _____1_____ . | (А) соседней улице<br>(Б) по соседней улице<br>(В) на соседней улице<br>(Г) в соседней улице |
| – В Москве мы с друзьями остановились _____2_____ . | (А) новая гостиница<br>(Б) в новой гостинице<br>(В) в новую гостиницу<br>(Г) к новой гостинице |
| – _____3_____ плывут облака. | (А) В небе<br>(Б) В небо<br>(В) На небе<br>(Г) На небо |
| – Студенты обсуждают важную проблему _____4_____ . | (А) собрание<br>(Б) в собрании<br>(В) к собрании<br>(Г) на собрании |
| – Мы долго стояли _____5_____ , но наш автобус не пришёл. | (А) в остановке<br>(Б) на остановке<br>(В) с остановки<br>(Г) об остановке |
| – На прошлой неделе я был _____6_____ в Сибири. | (А) командировку<br>(Б) в командировке<br>(В) в командировку<br>(Г) на командировке |
| – _____7_____ дети учатся писать и читать. | (А) Детский сад<br>(Б) В детском саду<br>(В) В детский сад<br>(Г) Из детского сада |
| – Моё пальто висит _____8_____ . | (А) в большом шкафу<br>(Б) в большом шкафе<br>(В) в большой шкаф<br>(Г) большой шкаф |

| | |
|---|---|
| – _____ **9** _____ можно послать письмо и<br>посылку. | (А) В почту<br>(Б) На почту<br>(В) В почте<br>(Г) На почте |
| – Скажите, пожалуйста, _____ **10** _____<br>этот фильм? | (А) в чём<br>(Б) о чём<br>(В) с чем<br>(Г) что |
| – Я очень хочу узнать _____ **11** _____ . | (А) этот человек<br>(Б) о этом человеке<br>(В) об этом человеке<br>(Г) с этим человеком |
| – Я прочитал статью _____ **12** _____ . | (А) о модной одежде<br>(Б) с модной одеждой<br>(В) в модной одежде<br>(Г) на модной одежде |
| – Мама часто спрашивает _____ **13** _____ . | (А) наш учитель<br>(Б) нашему учителю<br>(В) о нашем учителе<br>(Г) с нашим учителем |
| – Будущие врачи с интересом разговаривали<br>_____ **14** _____ . | (А) обо всех болезнях<br>(Б) со всеми болезнями<br>(В) все болезни<br>(Г) на все болезни |

**STEP 05** 요점 정리 및 필수 표현 정리

💬 의미가 여러 개인 형용사 주의하기!

- **дорогой**: 비싼 / 귀중한, 소중한
- **добрый**: 좋은 / 착한

💬 고정적인 장소 표현은 '전치사 + 전치격'

- 'где 형태의 장소'와 결합하는 동사 기억하기!

💬 ~에 대한 정보 전달은 'о + 전치격'

- 'в аэропорту(장소 표현)'와 'об аэропорте(정보 전달)'의 차이 주의

# 12 형용사 ⑤ 전치격 ②

어휘 영역    문법 영역

## ✎ 오늘의 학습 목표

- ☑ 어휘 학습 및 문제 풀이: 형용사 ⑤
- ☑ 문법 개념 설명 및 문제 풀이: 전치격 ②
- ☑ 요점 정리 및 필수 표현 정리

---

**STEP 01** — 어휘 학습

| | |
|---|---|
| одинаковый | (형) 동일한, 똑같은 |
| обычный | (형) 보통의, 평범한 |
| единственный | (형) 유일한, 단 하나의 |
| 나와 여동생은 우연히 똑같은 구두를 샀습니다. | Я и сестра случайно купили одинаковые туфли. |
| 평범한 사람들은 크지 않은 집에서 삽니다. | Обычные люди живут в небольших квартирах. |
| 이곳은 전 세계에서 유일한 조용한 장소입니다. | Это единственное тихое место во всём мире. |

| | |
|---|---|
| рабочий | (형) 일의, 노동의 / (명) 노동자 |
| деловой | (형) 일의, 사무의 |
| выходной | (형) 휴일의 |
| 내 근무(노동) 시간은 이른 아침부터 시작됩니다. | Мой рабочий день начинается с раннего утра. |
| 사무직 사람들은 항상 엄청 바쁩니다. | Деловые люди всегда очень заняты. |
| 휴일에 저는 교외로 자주 다녀오곤 합니다. | В выходные (дни) я часто езжу за город. |

## STEP 02 — 문법 개념 설명

💬 전치격: 장소 '~에서 (где)'를 표현하는 대표적인 격

### 1) при + 전치격

**❶ 시간: ~할 때**

> ~ 살던 시기에, ~ 통치하에

예 При Петре Первом в России была большая реконструкция во многих сферах.

**❷ 조건: ~할 때**

> ~ 조건하에, ~ 한다면

예 Только при помощи компьютера я смогу закончить работу.

### 2) на + 전치격: ~을 타고 (교통 수단)

| | |
|---|---|
| на автобусе | 버스를 타고 |
| на поезде | 기차를 타고 |
| на самолёте | 비행기를 타고 |
| на метро | 지하철을 타고 |
| на такси | 택시를 타고 |

예 Я люблю ездить на велосипеде.

### 3) 기타 전치격 지배 동사

| 동사 | 의미 |
|---|---|
| участвовать + в 전치격 | ~에 참가하다 |
| сомневаться + в 전치격 | ~을 의심하다 |
| волноваться + о 전치격 | ~에 대해 불안해 하다 |
| заботиться + о 전치격 | ~을 돌보다, 염려하다 |
| мечтать + о 전치격 | ~에 대해 꿈꾸다 (바라다) |

| | |
|---|---|
| – Они все _____1_____ . Возьми, какой ты хочешь! | (А) одинаковые<br>(Б) обычные<br>(В) единственные |
| – _____2_____ дети не любят принимать лекарство. | (А) Одинаковые<br>(Б) Обычные<br>(В) Единственные |
| – Это _____3_____ ребёнок моего брата. | (А) одинаковый<br>(Б) обычный<br>(В) единственный |
| – _____4_____ люди всегда усердно занимаются своими делами. | (А) Рабочие<br>(Б) Деловые<br>(В) Выходные |
| – В _____5_____ дни я обычно встречаюсь с друзьями и хожу в музеи. | (А) рабочие<br>(Б) деловые<br>(В) выходные |

STEP 04 ─ 문법 문제 풀이

| | |
|---|---|
| – _____1_____ был основан Санкт–Петербург. | (А) В Петре Первом<br>(Б) При Петре Первом<br>(В) В Пётр Первый<br>(Г) На Петре Первом |
| – _____2_____ можно сделать всё. | (А) К желанию<br>(Б) О желании<br>(В) В желании<br>(Г) При желании |
| – _____3_____ электронного словаря я перевела статью. | (А) При помощи<br>(Б) К помощи<br>(В) О помощи<br>(Г) Помощь |

– Ребята, _____4_____ вы приехали сюда?

(А) что
(Б) с чем
(В) на чём
(Г) на что

– _____5_____ можно добраться
до Большого театра?

(А) В каком автобусе
(Б) Какой автобус
(В) На каком автобусе
(Г) О каком автобусе

– Я люблю ездить _____6_____ , потому что
можно смотреть в окно.

(А) на поезде
(Б) в поезде
(В) к поезду
(Г) с поездом

– Бабушка только что поехала на рынок
_____7_____ .

(А) в маршрутный такси
(Б) в маршрутном такси
(В) на маршрутный такси
(Г) на маршрутном такси

– _____8_____ всегда участвует
много спортсменов.

(А) На Олимпийских играх
(Б) В Олимпийских играх
(В) В Олимпийские игры
(Г) На Олимпийские игры

– Родители сомневаются _____9_____ .

(А) в моих словах
(Б) о моих словах
(В) с моими словами
(Г) из моих слов

– Когда я была молодой, я очень
волновалась _____10_____ .

(А) с внешности
(Б) из внешности
(В) о внешности
(Г) для внешности

– В детстве мой старший брат заботился
_____11_____ .

(А) у меня
(Б) для меня
(В) со мной
(Г) обо мне

| | |
|---|---|
| – Соня всегда мечтала _____ 12 _____ . | (А) дорогой телефон<br>(Б) о дорогом телефоне<br>(В) с дорогим телефоном<br>(Г) дорогого телефона |

<br>

## STEP 05 ─ 요점 정리 및 필수 표현 정리

💬 의미가 유사한 형용사 구분하기!

> – **одинаковый**: 동일한, 똑같은
> – **обычный**: 보통의, 평범한
> – **единственный**: 단 하나의, 유일한
> ┄┄┄┄┄┄┄┄┄┄┄┄┄┄┄┄┄┄┄┄┄┄┄┄┄┄┄
> – **рабочий**: 일의, 근로의, 노동의 / 노동자
> – **деловой**: 일의, 사무의
> – **выходной**: 휴일의

<br>

💬 'При + 전치격'은 의미가 두 가지!

> – **시간적 의미, 조건적 의미**로서 '~할 때'라는 의미

<br>

💬 외래 불변 명사 주의!

> – 지하철, 택시 등 **외래 불변 명사**는 '<u>격 변화가 이루어지지 않음</u>'
> 예 전치격 변화가 아닌 '**на метро**'.

어휘 영역　　　　　문법 영역

# 13 형용사 ⑥　부사 술어 & 형용사 술어

✎ **오늘의 학습 목표**

☑ 어휘 학습 및 문제 풀이: 형용사 ⑥

☑ 문법 개념 설명 및 문제 풀이: 부사 술어 & 형용사 술어

☑ 요점 정리 및 필수 표현 정리

---

**STEP 01** ── 어휘 학습

| чистый | (형) 깨끗한 |
|---|---|
| грязный | (형) 더러운 |
| сильный | (형) 강한, 힘센 |
| 이 호수 속에는 엄청 깨끗한 물이 있습니다. | В этом озере очень чистая вода. |
| 나는 이 더러운 바지를 세탁했습니다. | Я стирала эти грязные брюки. |
| 힘센 남자가 짐가방을 쉽게 들어올렸습니다. | Сильный мужчина без труда поднял чемодан. |

| опытный | (형) 경험 있는, 숙련된 |
|---|---|
| талантливый | (형) 재능 있는 |
| замечательный | (형) 훌륭한, 뛰어난 |
| 이 병원에서는 숙련된 의사들이 일합니다. | В этой больнице работают опытные врачи. |
| 재능 있는 아이들이 이 학교에 다닙니다. | В этой школе учатся талантливые дети. |
| 아버지는 이 훌륭한 예술가의 그림을 샀습니다. | Отец купил картину этого замечательного художника. |

## 1) 부사 술어

– 부사는 문장 내에서 술어로 활용 가능.

| надо | ~해야 한다 |
|---|---|
| нужно | ~할 필요가 있다 |
| нельзя | ~해서는 안 된다 |
| можно | ~해도 좋다 |
| хорошо | 좋다 |

예 – В комнате <u>нельзя</u> курить.

❶ 의미상 주어는 주격이 아닌 '여격'

> 부사 술어는 명사 주격과 함께 쓸 수 없음

예 <u>Студентам</u> <u>можно</u> обедать в этой столовой.

❷ 부사 술어의 형태는 중성

> 주어가 없는 무인칭문 → 전체 문장 '중성' 취급

예 <u>Надо</u> <u>было</u> позвонить родителям.

## 2) 형용사 술어

❶ 형용사 장어미형 술어

> 일반적, 장기적, 보편적인 사실을 표현할 때

예 Этот человек очень <u>добрый</u>.

❷ 형용사 단어미형 술어

> 한정적, 단기적, 제한적인 사실을 표현할 때

예 Максим <u>добр</u> только ко мне.

3) 반드시 기억해야 할 형용사 단어미형 술어

| | |
|---|---|
| богат + 조격 | ~가 풍부하다 |
| беден + 조격 | ~가 부족하다 |
| занят + 조격 | ~ 때문에 바쁘다, 자리가 차 있다 |
| замужем + за 조격 | 기혼이다 (여) |
| виноват + в 전치격 | ~에 잘못하다, 죄가 있다 |
| уверен + в 전치격 | ~에 확신하다 |
| женат + на 전치격 | 기혼이다 (남) |
| свободен + от 생격 | ~로부터 한가하다 |
| рад + 여격 / 동사 원형 | ~에 기쁘다, ~하는 것이 기쁘다 |
| нужен + 여격 | ~에게 필요하다 |
| добр + к 여격 | ~에게 친절하다 |
| готов + к 여격 | ~할 준비를 끝내다 |
| похож + на 대격 | ~를 닮다 |
| болен + 조격 | ~ 때문에 아프다 |

**STEP 03** ── 어휘 문제 풀이                                           정답 및 해설 **p.219**

| | |
|---|---|
| – На столе лежит _____ **1** _____ посуда. | (А) чистая<br>(Б) грязная<br>(В) сильная |
| – Вымой руки! Они очень _____ **2** _____ . | (А) чистые<br>(Б) грязные<br>(В) сильные |
| – Самый _____ **3** _____ мальчик в мире без труда поднял свою маму. | (А) чистый<br>(Б) грязный<br>(В) сильный |

| | |
|---|---|
| – _____4_____ педагоги хорошо воспитывают детей. | (А) Опытные<br>(Б) Талантливые<br>(В) Замечательные |

문법 문제 풀이

| | |
|---|---|
| – Изучать русский язык очень _____1_____ . | (А) нелегко<br>(Б) нелёгкий<br>(В) трудный<br>(Г) с трудом |
| – В этом кафе всегда _____2_____ отдохнуть во время перерыва. | (А) можно<br>(Б) нельзя<br>(В) нужно<br>(Г) необходимо |
| – В библиотеке студентам _____3_____ разговаривать громко. | (А) необходимо<br>(Б) надо<br>(В) нельзя<br>(Г) можно |
| – Вчера у моей мамы был день рождения, и мне надо _____4_____ позвонить ей. | (А) был<br>(Б) была<br>(В) было<br>(Г) были |
| – Студентам обязательно надо _____5_____ купить этот учебник. | (А) буду<br>(Б) будешь<br>(В) будет<br>(Г) будут |
| – Россия богата _____6_____ . | (А) прекрасные традиции<br>(Б) прекрасных традиций<br>(В) прекрасным традициям<br>(Г) прекрасными традициями |

| | |
|---|---|
| – В последнее время Сергей очень занят _____7_____ русского искусства. | (А) изучение<br>(Б) изучением<br>(В) об изучении<br>(Г) с изучением |
| – Максим женат _____8_____ . | (А) о своей немецкой подруге<br>(Б) со своей немецкой подругой<br>(В) в своей немецкой подруге<br>(Г) на своей немецкой подруге |
| – Андрей, _____9_____ ты так уверен? | (А) что<br>(Б) в чём<br>(В) о чём<br>(Г) для чего |
| – Алёна не придёт на свидание. Кто же будет рад _____10_____ ! | (А) о таком известии<br>(Б) такого известия<br>(В) такому известию<br>(Г) на такое известие |
| – Мне очень нужна _____11_____ . | (А) хорошая машина<br>(Б) хорошей машине<br>(В) к хорошей машине<br>(Г) хорошую машину |
| – Моя мама добра только _____12_____ . | (А) детям<br>(Б) от детей<br>(В) к детям<br>(Г) о детях |
| – Я свободна _____13_____ , пойдём куда-нибудь! | (А) об уроках<br>(Б) с уроками<br>(В) от уроков<br>(Г) уроками |

| | |
|---|---|
| – Мой младший брат очень похож _____14_____ . | (А) своего дедушку |
| | (Б) на своего дедушку |
| | (В) своего дедушки |
| | (Г) со своим дедушкой |

STEP 05 **요점 정리 및 필수 표현 정리**

💬 의미가 반대인 형용사 기억하기!

> – **чистый**: 깨끗한
> – **грязный**: 더러운

💬 직업과 함께 자주 쓰는 형용사 기억하기!

> – **опытный**: 경험 있는, 숙련된
> – **талантливый**: 재능 있는
> – **замечательный**: 훌륭한, 뛰어난

💬 부사 술어는 '주격'과 함께 절대 사용할 수 없는 무인칭문.

> – **의미상 주어가 '여격'이 되는 무인칭문의 형태는 중성**

💬 형용사 단어미형 술어 주의!

> – 각 형용사 단어미형 술어별로 함께 쓰는 격 및 전치사 주의

# 14 어휘 영역 형용사 ⑦    문법 영역 비교급&최상급 / 부사

## ✏️ 오늘의 학습 목표

☑️ 어휘 학습 및 문제 풀이: 형용사 ⑦

☑️ 문법 개념 설명 및 문제 풀이: 비교급 & 최상급 / 부사

☑️ 요점 정리 및 필수 표현 정리

---

**STEP 01** — **어휘 학습**

| богатый | (형) 부유한 |
|---|---|
| бедный | (형) 불쌍한 / 가난한 |
| довольный | (형) 만족하는 |
| 부유한 사람들은 가난한 사람들을 도와줍니다. | Богатые люди помогают бедным людям. |
| 나는 부모가 없는 불쌍한 아이들을 자주 돌봐 줍니다. | Я часто ухаживаю за бедными детьми, у которых нет родителей. |
| 우리 집에는 행복하고 만족해 하는 강아지가 있습니다. | У нас дома довольная и счастливая собака. |

| счастливый | (형) 행복한 |
|---|---|
| грустный | (형) 우울한 |
| весёлый | (형) 즐거운, 밝은 |
| 행복한 사람들은 항상 자신의 삶에 만족합니다. | Счастливые люди всегда довольны своей жизнью. |
| 우울한 비까가 길을 따라 걸어가고 있습니다. | Грустная Вика идёт по улице. |
| 나는 밝은 노래 듣는 것을 좋아합니다. | Я люблю слушать весёлые песни. |

1) 비교급: 두 대상을 비교할 때 활용

❶ 비교급의 형태

| |
|---|
| более / менее + 형용사 / 부사<br>형용사 / 부사 + -ee / -e |

예 – В Москве <u>более холодно</u>, чем в Сеуле.

　– Максим говорит по-русски <u>быстрее</u>, чем я.


❷ 불규칙 비교급

| | |
|---|---|
| лучше | 더 좋게 |
| хуже | 더 나쁘게 |
| больше | 더 크게 / 더 많게 |
| меньше | 더 작게 / 더 적게 |
| старше | 나이가 더 많은 |
| младше | 나이가 더 어린 |
| выше | 키가 더 큰 / 더 높게 |


2) 비교 대상

| |
|---|
| А 비교급, чем Б<br>А 비교급 + 생격 (, чем 주격 대신) |

예 – В Москве <u>более холодно</u>, <u>чем</u> в Сеуле.

　– Максим говорит по-русски <u>быстрее меня</u>.


3) 비교 정도

| |
|---|
| на сколько (на + 수량 대격) |

예 – <u>На сколько</u> ты старше меня?

　– Я старше тебя <u>на 5 лет</u>.

4) 최상급

– 최상급의 형태

> самый + 형용사 원급 + 명사

예 – Я только что прочитал <u>самую</u> <u>интересную</u> <u>книгу</u>.

– Максим живёт <u>в самом большом доме</u> в Корее.

5) 부사

❶ 시간 부사 (когда)

| раньше | 예전에, 더 이르게 (비교급) |
|---|---|
| сейчас | 지금 |
| теперь | 지금은, 이제는 |
| сначала | 먼저 |
| впервые | 처음에, 최초로 |
| наконец | 마침내 |

❷ 장소 부사 (где)

| здесь | 여기에 |
|---|---|
| там | 저기에 |
| справа (+ от 생격) | 오른쪽에 |
| слева (+ от 생격) | 왼쪽에 |
| наверху | 위에 |
| внизу | 아래에 |

❸ 장소 부사 (куда)

| сюда | 여기로 |
|---|---|
| туда | 저기로 |
| направо | 오른쪽으로 |

| налево | 왼쪽으로 |
|---|---|
| наверх | 위로 |
| вниз | 아래로 |

❹ 빈도 부사 (как часто)

| всегда | 항상 |
|---|---|
| иногда | 가끔 |
| редко | 드물게 |
| никогда не | 단 한 번도 ~ 없다 |
| постоянно | 계속해서 |
| ежегодно | 매년 |

❺ 진행 부사 (как долго)

| долго | 오랫동안 |
|---|---|
| недолго | 잠깐 동안 |

❻ 수량 부사 (сколько)

| много | 많게 |
|---|---|
| мало | 적게 |
| несколько | 몇몇의 |

**STEP 03** — **어휘 문제 풀이**
정답 및 해설 **p.220**

| | |
|---|---|
| – В этом новом дорогом районе живут только _____1_____ люди. | (А) богатые<br>(Б) бедные<br>(В) довольные |
| – Мы должны помогать _____2_____ детям. | (А) богатым<br>(Б) бедным<br>(В) довольным |
| – Мы пришли с концерта _____3_____ . | (А) богатые<br>(Б) бедные<br>(В) довольные |
| – В этой _____4_____ семье много любви. | (А) счастливой<br>(Б) грустной<br>(В) весёлой |
| – Мы не сдали выпускной экзамен, поэтому все очень _____5_____ . | (А) счастливые<br>(Б) грустные<br>(В) весёлые |

**STEP 04** — **문법 문제 풀이**

| | |
|---|---|
| – У меня более _____1_____ книга, чем у тебя. | (А) интересная<br>(Б) интересно<br>(В) интереснее<br>(Г) с интересом |
| – Соня бегает _____2_____ , чем Оля. | (А) быстро<br>(Б) быстрее<br>(В) быстрой<br>(Г) быстрая |
| – Максим _____3_____ Андрея на 3 года. | (А) старый<br>(Б) старше<br>(В) старым<br>(Г) старший |

| | |
|---|---|
| – _____4_____ ты выше меня? | (А) Сколько<br>(Б) Во сколько<br>(В) До скольки<br>(Г) На сколько |
| – В Русском музее я увидел _____5_____ в мире. | (А) самая дорогая матрёшка<br>(Б) самую дорогую матрёшку<br>(В) с самой дорогой матрёшкой<br>(Г) о самой дорогой матрёшке |
| – Владивосток стал одним из _____6_____ России. | (А) самые известные города<br>(Б) о самых известных городах<br>(В) самым известным городам<br>(Г) самых известных городов |
| – Я, _____7_____ , понял, что хотел сказать Олег. | (А) наконец<br>(Б) впервые<br>(В) всегда<br>(Г) долго |
| – Вчера я ездил в Барселону. Я был _____8_____ всего полдня. | (А) там<br>(Б) туда<br>(В) сюда<br>(Г) здесь |
| – Наш университет находится _____9_____ от большого стадиона. | (А) здесь<br>(Б) справа<br>(В) направо<br>(Г) прямо |
| – Идите _____10_____ , потом поверните налево! | (А) здесь<br>(Б) там<br>(В) наверху<br>(Г) прямо |

| | |
|---|---|
| – Я устала разговаривать с братом, потому что он _____ 11 _____ обо всём спрашивает. | (А) всегда<br>(Б) редко<br>(В) никогда не<br>(Г) иногда |
| – _____ 12 _____ времени вы изучаете русский язык? | (А) Много<br>(Б) Мало<br>(В) Сколько<br>(Г) Несколько |

## STEP 05 — 요점 정리 및 필수 표현 정리

💬 의미가 반대인 형용사 기억하기!

- **богатый**: 부유한
- **бедный**: 가난한 / 불쌍한

- **счастливый**: 행복한
- **весёлый**: 즐거운 / 밝은
- **грустный**: 우울한

💬 비교급과 최상급 표현 기억하기!

- 불규칙 비교급 / 'один из 복수 생격' 표현 주의

💬 부사의 역할 및 의미 기억하기!

- 부사는 명사를 제외한 모든 품사를 수식하는 역할

# 15  어휘 영역 동사 ①  문법 영역 시간 표현

## ✏️ 오늘의 학습 목표

- ☑️ 어휘 학습 및 문제 풀이: 동사 ①
- ☑️ 문법 개념 설명 및 문제 풀이: 시간 표현
- ☑️ 요점 정리 및 필수 표현 정리

---

**STEP 01** ┤ **어휘 학습**

| | |
|---|---|
| ездить | (동) 타고 다니다 |
| ходить | (동) 걸어 다니다 |
| кататься | (동) 타다 |
| 나는 버스를 타고 학교에 다닙니다. | Я езжу в школу на автобусе. |
| 어린아이가 걷는 법을 터득했습니다. | Маленький ребёнок научился ходить. |
| 나는 스케이트 타는 것을 좋아합니다. | Я люблю кататься на коньках. |

| | |
|---|---|
| рассказывать | (동) 이야기하다 |
| объяснять | (동) 설명하다 |
| разговаривать | (동) 대화하다 |
| 선생님이 러시아인들의 생활에 대해 이야기하십니다. | Учитель рассказывает о жизни русских. |
| 선생님이 러시아어 문법을 설명하고 있습니다. | Учитель объясняет русскую грамматику. |
| 나는 친구와 축구 경기에 대해 이야기하고 있습니다. | Мы с другом разговариваем о футбольном матче. |

STEP 02 ── 문법 개념 설명

1) 시간 표현

– 기본적인 시간 표현은 '주격'으로 활용.

예 지금은 2시 45분입니다.

   – Сейчас 2(два) часа 45(сорок пять) минут.

예 오늘은 12월 25일입니다.

   – Сегодня 25(двадцать пятое) декабря.

주의 기수사도 격 변화가 일어나며, 기본적인 기수는 '주격' 형태.

– '언제'에 해당하는 정확한 시간 표현 (когда)

❶ в + 대격

| | |
|---|---|
| | в час / минуту |
| ① 시각: ~시 ~분에 | в 2 часа / 2 минуты |
| | в 5 часов / 5 минут |
| | в понедельник |
| | во вторник |
| | в среду |
| ② 요일에 | в четверг |
| | в пятницу |
| | в субботу |
| | в воскресенье |

❷ в / на + 전치격

| | |
|---|---|
| | на какой неделе |
| ① ~주에 | на этой неделе |
| | на первой неделе |

| | |
|---|---|
| ② ~월에 | в каком месяце |
| | в прошлом месяце |
| | в январе |
| ③ ~년에 | в каком году |
| | в следующем году |
| | в 2018 году<br>(в две тысячи восемнадцатом году) |
| ④ ~세기에 | в каком веке |
| | в 21 веке<br>(в двадцать первом веке) |

❸ 조격

| | |
|---|---|
| ① 계절에 | весной |
| | летом |
| | осенью |
| | зимой |
| ② 하루 일과에 | утром |
| | днём |
| | вечером |
| | ночью |

❹ 생격

| | |
|---|---|
| 정확한 날짜: 며칠에 | какого числа |
| | 25 (двадцать пятого) декабря |
| | 1 (первого) января |

2) 기타 시간 표현

❶ 지속: 시간 대격 (сколько времени)

예 Я рисовал эту картину <u>неделю</u>.

❷ 결과: за + 시간 대격 (за сколько времени)

예 Я нарисовал эту картину <u>за неделю</u>.

❸ 예정: на + 시간 대격 (на сколько)

예 Я приехал в Москву <u>на 6 месяцев</u>.

| STEP 03 | 어휘 문제 풀이 |

정답 및 해설 **p.221**

| | |
|---|---|
| – Мой отец любит _____**1**_____ за город. | (А) ездить<br>(Б) ходить<br>(В) кататься |
| – Я всегда _____**2**_____ на работу пешком. | (А) езжу<br>(Б) хожу<br>(В) катаюсь |
| – Зимой мои дети часто _____**3**_____ на лыжах. | (А) ездят<br>(Б) ходят<br>(В) катаются |
| – _____**4**_____ мне о себе! | (А) Расскажите<br>(Б) Объясните<br>(В) Разговаривайте |
| – Мой старший брат часто _____**5**_____ мне правила русской грамматики. | (А) рассказывает<br>(Б) объясняет<br>(В) разговаривает |
| – Молодые люди долго стояли у двери и _____**6**_____ друг с другом. | (А) рассказывали<br>(Б) объясняли<br>(В) разговаривали |

| | |
|---|---|
| – _____1_____ очень важна для меня. | (A) Эта пятница<br>(Б) В эту пятницу<br>(В) Эту пятницу<br>(Г) На эту пятницу |
| – _____2_____ – моё самое любимое время года. | (A) Весна<br>(Б) Весной<br>(В) В весну<br>(Г) На весне |
| – Я ходила в кино _____3_____ . | (A) прошлую среду<br>(Б) на прошлую среду<br>(В) в прошлой среде<br>(Г) в прошлую среду |
| – Вчера мы с друзьями встретились _____4_____ . | (A) час<br>(Б) в час<br>(В) с часа<br>(Г) к часу |
| – Ребята, давайте пойдём в Эрмитаж _____5_____ . | (A) следующая неделя<br>(Б) в следующую неделю<br>(В) на следующую неделю<br>(Г) на следующей неделе |
| – Марина защищала диплом _____6_____ . | (A) ноябрь<br>(Б) в ноябре<br>(В) с ноября<br>(Г) на ноябрь |
| – Вы не знаете, _____7_____ родился Гоголь? | (A) в каком году<br>(Б) в какой год<br>(В) какого года<br>(Г) на какой год |

| | |
|---|---|
| – Я родилась 25 декабря _____8_____ . | (A) 1994 год<br>(Б) в 1994 году<br>(В) 1994 года<br>(Г) с 1994 года |
| – Мобильные телефоны появились совсем недавно – в конце _____9_____ . | (A) 20 век<br>(Б) с 20 века<br>(В) в 20 веке<br>(Г) 20 века |
| – Эта девочка пойдёт в школу _____10_____ . | (A) будущая осень<br>(Б) на будущую осень<br>(В) в будущую осень<br>(Г) будущей осенью |
| – _____11_____ вы родились? | (A) Какое число<br>(Б) Какого числа<br>(В) На какое число<br>(Г) С какого числа |
| – Я изучаю русский язык уже _____12_____ . | (A) 6 месяцев<br>(Б) за 6 месяцев<br>(В) на 6 месяцев<br>(Г) в 6 месяцев |
| – Я убрала свою комнату _____13_____ . | (A) 3 часа<br>(Б) за 3 часа<br>(В) на 3 часа<br>(Г) с 3 часов |
| – Подожди, пожалуйста! Я вышла _____14_____ . | (A) минуту<br>(Б) за минуту<br>(В) на минуту<br>(Г) в минуту |

💬 '타다' 동사 구분하기!

- **ездить**: ~을 타다 (교통 수단)

(+ на автобусе / на метро ...)

- **кататься**: ~을 타다 (취미, 오락)

(+ на лыжах / на коньках ...)

💬 '이야기하다' 동사 구분하기!

- **рассказывать** (+ 여격): (~에게) 이야기해 주다
- **разговаривать** (+ с 조격): (~와) 대화하다

💬 '진행', '결과', '예정' 구분해서 기억하기!

- 전치사에 따라 달라지는 시간적 의미 주의

# 16
### 어휘 영역
# 동사 ②
### 문법 영역
# 동사의 상 ①

✏️ **오늘의 학습 목표**

☑️ 어휘 학습 및 문제 풀이: 동사 ②

☑️ 문법 개념 설명 및 문제 풀이: 동사의 상 ①

☑️ 요점 정리 및 필수 표현 정리

---

**STEP 01 — 어휘 학습**

| учиться (НСВ) | (동) ~에 재학 중이다 |
|---|---|
| учиться – научиться | (동) ~하는 것을 배우다 |
| изучать – изучить | (동) ~을 배우다, 연구하다 |
| 내 여동생은 이 대학교에 재학 중입니다. | Моя сестра учится в этом университете. |
| 어린아이가 말을 잘 하는 법을 다 배웠습니다. | Маленький ребёнок научился хорошо говорить. |
| 학생들은 러시아어를 배우고 있습니다. | Студенты изучают русский язык. |
| заниматься | (동) 자습하다 / ~하다 |
| учить – выучить | (동) ~을 외우다 / 공부하다 |
| учить – научить | (동) ~를 가르치다 |
| 곧 시험입니다. 열심히 공부해야 합니다. | Скоро экзамены. Надо серьёзно заниматься. |
| 나는 푸쉬킨의 시를 암기해서 외우고 싶습니다. | Я хочу выучить стихи Пушкина наизусть. |
| 엄마는 아들에게 걷는 법을 가르치고 있습니다. | Мама учит сына ходить. |

💬 동사의 상 (НСВ – СВ)

– 모든 동사에는 '상'이 존재함

| НСВ | СВ |
|---|---|
| 지속 | 완료 |
| 반복 | 1회성 행위 |
| 행동 초점 | 결과 초점 |

예 – Я всегда занимаюсь дома.

– Я уже прочитал эту книгу.

1) 불완료상 (НСВ) 동사의 활용

❶ 지속 (сколько времени … / как долго …)

| долго / недолго | 오랫동안 / 잠깐 동안 |
|---|---|

예 – Когда я ехала на поезде, я долго смотрела в окно.

| 시간 대격 | ~ 동안 |
|---|---|

예 – Дети делали домашнее задание 2 часа.

| весь + 시간 대격 | 종일, 내내 |
|---|---|

예 – Вчера шёл дождь, и мы сидели дома весь день.

| целый + 시간 대격 | 종일, 내내 |
|---|---|

예 – Я искала эти туфли целую неделю.

❷ 반복 (как часто …)

| всегда | 항상 |
|---|---|

| обычно | 보통 |
|---|---|
| иногда | 가끔 |
| редко | 드물게 |
| никогда не | 단 한 번도 ~한 적 없다 |
| регулярно | 규칙적으로 |
| ежедневно | 매일 |

예 – Я <u>никогда</u> <u>не</u> спрашиваю Ивана о его брате.

| каждый + 시간 대격 (단수) | ~마다 |
|---|---|
| по + 시간 여격 (복수) | |

예 – <u>Каждое утро</u> (<u>По утрам</u>) я бегаю по парку.

| раз в + 시간 대격 | ~ 중 ~ 번 |
|---|---|

예 – Я <u>покупаю</u> новую одежду 2 <u>раза</u> <u>в</u> <u>год</u>.

2) 완료상 (СВ) 동사의 활용

❶ 1회성 행위

– 문장 내에 별다른 빈도 부사가 없으면 1회성 행위.

예 – <u>Вчера</u> я <u>купила</u> эту сумку.

  – В следующем году мой брат <u>поступит</u> в МГУ.

❷ 완료 (за сколько времени ...)

| уже | 이미, 벌써 |
|---|---|
| наконец | 마침내, 드디어 |
| обязательно | 반드시 |
| быстро | 빨리 |
| скоро | 곧 |

예 – Я <u>наконец написал</u> свою дипломную работу.

| за + 시간 대격 | ~ 동안, ~ 만에 |
|---|---|

예 – Дети <u>сделали</u> домашнее задание <u>за 3 часа</u>.

| весь + 일반 명사 | 모든, 전부의 |
|---|---|

예 – Я <u>выучил все</u> новые слова.

---

( STEP 03 )─ **어휘 문제 풀이**                                    정답 및 해설 **p.222**

| | |
|---|---|
| – В нашем университете _____**1**_____ много иностранцев. | (А) учится<br>(Б) изучает<br>(В) научились |
| – В детстве я _____**2**_____ хорошо танцевать. | (А) училась<br>(Б) научилась<br>(В) изучала |
| – На нашем факультете студенты _____**3**_____ языки, историю и литературу. | (А) учатся<br>(Б) научились<br>(В) изучают |
| – Анна _____**4**_____ только дома. | (А) занимается<br>(Б) учит<br>(В) научит |
| – Дети _____**5**_____ все новые слова. | (А) занимались<br>(Б) выучили<br>(В) научили |
| – В школе _____**6**_____ детей писать и читать. | (А) занимаются<br>(Б) учатся<br>(В) учат |

**STEP 04** — 문법 문제 풀이

| | |
|---|---|
| – Вчера мы долго _____1_____ по парку. | (А) гуляли<br>(Б) погуляли<br>(В) гулять<br>(Г) гуляем |
| – Соня _____2_____ свою комнату 2 часа. | (А) убирать<br>(Б) убирала<br>(В) убрать<br>(Г) убрала |
| – Эти люди _____3_____ всю субботу и всё воскресенье. | (А) работают<br>(Б) работать<br>(В) поработали<br>(Г) поработать |
| – Вчера шёл большой дождь, и мы _____4_____ дома целый день. | (А) посидели<br>(Б) посидеть<br>(В) сидели<br>(Г) сидеть |
| – Борис всегда _____5_____ маме цветы. | (А) дарит<br>(Б) дарить<br>(В) подарит<br>(Г) подарить |
| – Я никогда не _____6_____ Ивана о его секрете. | (А) спросила<br>(Б) спрошу<br>(В) спрашиваю<br>(Г) спрашивать |
| – Мама _____7_____ мои домашние задания каждый день. | (А) проверять<br>(Б) проверить<br>(В) проверяет<br>(Г) проверит |

| | |
|---|---|
| – Когда я учился в Москве, я ___8___ балет по субботам. | (А) посмотреть<br>(Б) посмотрел<br>(В) смотреть<br>(Г) смотрел |
| – Новый учитель ___9___ сочинения студентов раз в неделю. | (А) проверил<br>(Б) проверит<br>(В) будет проверять<br>(Г) проверяли |
| – Завтра выходной день. Я ___10___ поздно, часов в одиннадцать. | (А) встала<br>(Б) встану<br>(В) встаю<br>(Г) встать |
| – Я недавно получила большую премию, и мои друзья ___11___ меня. | (А) поздравили<br>(Б) поздравят<br>(В) поздравляют<br>(Г) поздравил |
| – Мой брат уже ___12___ выпускной экзамен. | (А) сдавал<br>(Б) сдаст<br>(В) сдаёт<br>(Г) сдал |
| – Таня обязательно ___13___ эту работу за 3 часа. | (А) закончит<br>(Б) закончила<br>(В) заканчивала<br>(Г) заканчивает |
| – Молодец! Ты ___14___ все новые слова! | (А) учила<br>(Б) учишь<br>(В) выучила<br>(Г) выучишь |

## STEP 05 ─ 요점 정리 및 필수 표현 정리

💬 '공부하다' 동사의 쓰임새 구분하기!

> - **учиться (НСВ):** ~에 재학 중이다, 유학 중이다
> - **учиться – научиться + 동사 원형:** ~하는 것을 배우다 / 다 배웠다
> - **изучать – изучить + 대격:** ~을 배우다 / 연구하다
>
> - **заниматься:** 자습하다, 독학하다 / ~하다 (+ 조격)
> - **учить – выучить + 대격 (사물):** ~을 외우다 / 공부하다 (언어)
> - **учить – научить + 대격 (사람) + 동사 원형:** ~를 ~하도록 가르치다 / 다 가르쳤다

💬 동사 상의 의미 구분하기

> - **НСВ:** 지속, 반복 / СВ: 1회, 완료

💬 동사 상과 함께 쓰는 표현 기억하기

> - 각 동사 상과 함께 쓰이는 부사, 시간 표현 등 꼭 숙지하기!

# 17 동사 ③ 동사의 상 ②

어휘 영역     문법 영역

✏️ **오늘의 학습 목표**

☑️ 어휘 학습 및 문제 풀이: 동사 ③

☑️ 문법 개념 설명 및 문제 풀이: 동사의 상 ②

☑️ 요점 정리 및 필수 표현 정리

---

**STEP 01** — 어휘 학습

| приходиться | (동) 해야 한다 |
|---|---|
| удаваться | (동) 성공하다 |
| хотеться | (동) 하고 싶다 |
| 나는 일을 더 많이 해야만 합니다. | Мне приходится больше работать. |
| 아이들은 아이스크림 사는 것에 실패했습니다. | Детям не удалось купить мороженое. |
| 나는 엄청 졸립니다(자고 싶다). | Мне очень хочется спать. |

| поступать | (동) 입학하다 |
|---|---|
| выступать | (동) 공연, 발표, 연설하다 |
| наступать | (동) 시기가 찾아오다, 도래하다 |
| 나는 이 좋은 대학교에 입학하고 싶습니다. | Я хочу поступить в этот хороший университет. |
| 아티스트들은 볼쇼이 극장 무대에서 공연했습니다. | Артисты выступили на сцене Большого театра. |
| 엄청 추워요! 벌써 겨울이 찾아왔어요! | Очень холодно! Уже наступила зима! |

## STEP 02 ─ 문법 개념 설명

💬 동사 원형의 활용

> – 동사 뒤에 목적어로 동사 원형을 쓸 수 있음

예 – Я люблю рисовать цветы.

\* 동사 원형도 상황에 따라 동사 상을 다르게 활용할 수 있음

| HCB | CB |
|---|---|
| 지속 | 완료 |
| 반복 | 1회성 행위 |
| 행동 초점 | 결과 초점 |

1) 불완료상 (HCB) & 완료상 (CB) 둘 다 가능한 경우

> – 대부분의 동사가 HCB / CB 동사 원형 둘 다 가능함
> – 함께 쓰는 '시간 표현 / 부사' 유의

| HCB | CB |
|---|---|
| 반복 / 지속 | 1회성 행위 / 완료 |

예 – (1회) Я хочу прочитать эту книгу.
　 – (반복) Я хочу читать книги каждый день.

2) 불완료상 (HCB) 동사 원형만 쓰는 경우

> – 행동 초점: 선호도, 능력, 습관, 학습, 진행 등과 관련된 표현

| | |
|---|---|
| любить | 좋아하다 |
| нравиться | 선호하다 / 마음에 들다 |
| уметь | ~할 줄 알다 |
| привыкать | 적응하다 |
| учиться | 배우다 |

| начинать | 시작하다 |
|---|---|
| продолжать | 계속하다 |
| заканчивать | 끝내다 |

### 3) 완료상 (CB) 동사 원형만 쓰는 경우

| – 결과 초점: 망각, 성공, 실패, 계획 등과 관련된 표현 | |
|---|---|

| забыть | 잊어버리다 |
|---|---|
| удаться | 성공하다 |
| успеть | (성공할 만한) 시간이 된다 |
| мечтать | 꿈꾸다 |
| смочь | 할 수 있다 |

### 4) 부정문에서의 동사의 상 활용

| – 부정문에서 문장의 의미에 따라 동사의 상이 달라지는 경우 | |
|---|---|

| HCB | 금지, 불필요 |
|---|---|
| нельзя + HCB | ~해서는 안 된다 (금지) |
| CB | 불가능, 경고, 주의 |
| нельзя + CB | ~할 수가 없다 (불가능) |

예 – <u>Нельзя</u> громко <u>разговаривать</u> в аудитории.

– Любовь <u>нельзя</u> <u>купить</u>.

---

**STEP 03** **어휘 문제 풀이**   정답 및 해설 p.223

– Завтра у нас будет экзамен.

Нам _____**1**_____ усердно заниматься.

(А) придётся
(Б) удастся
(В) хочется

| | |
|---|---|
| – Ура! Мне наконец ____2____ купить фильм, в котором играет мой любимый актёр. | (А) пришлось<br>(Б) удалось<br>(В) хотелось |
| – Вчера я поздно легла спать. Мне очень ____3____ спать. | (А) приходится<br>(Б) удаётся<br>(В) хочется |
| – В этом году моя старшая сестра ____4____ в МГУ. | (А) поступила<br>(Б) выступила<br>(В) наступила |
| – Я не хочу ____5____ на вечере. Я очень волнуюсь. | (А) поступать<br>(Б) выступать<br>(В) наступать |
| – Я очень жду, когда ____6____ зима, и я буду кататься на лыжах. | (А) поступит<br>(Б) выступит<br>(В) наступит |

## STEP 04 — 문법 문제 풀이

| | |
|---|---|
| – Марина посоветовала мне ____1____ Максиму часы. | (А) дарил<br>(Б) подарила<br>(В) подарить<br>(Г) дарить |
| – Анна попросила меня ____2____ маме привет. | (А) передала<br>(Б) передать<br>(В) передашь<br>(Г) передам |
| – Надо ____3____ молоко и фрукты каждый день. | (А) купить<br>(Б) покупать<br>(В) покупали<br>(Г) купили |

| | |
|---|---|
| – Я посоветовала маме больше _____ **4** _____ . | (А) отдыхала<br>(Б) отдохнула<br>(В) отдохнуть<br>(Г) отдыхать |
| – В детстве мне нравилось _____ **5** _____ в теннис. | (А) играл<br>(Б) поиграл<br>(В) играть<br>(Г) поиграть |
| – Маша уже привыкла _____ **6** _____ рано. | (А) встать<br>(Б) вставать<br>(В) встала<br>(Г) вставала |
| – Моя младшая дочь умеет _____ **7** _____ . | (А) танцевать<br>(Б) потанцевать<br>(В) танцевала<br>(Г) танцует |
| – Маленький ребёнок уже научился _____ **8** _____ . | (А) сказал<br>(Б) говорил<br>(В) говорит<br>(Г) говорить |
| – Вчера отец закончил _____ **9** _____ в 6. | (А) работал<br>(Б) работает<br>(В) работать<br>(Г) поработать |
| – Мама совсем забыла _____ **10** _____ мне об этом. | (А) говорить<br>(Б) говорила<br>(В) сказать<br>(Г) сказала |
| – Моему сыну наконец удалось _____ **11** _____ вступительный экзамен. | (А) сдать<br>(Б) сдавать<br>(В) сдал<br>(Г) сдавал |

| | |
|---|---|
| – Галя смогла ___12___ портрет своего дедушки перед его юбилеем. | (А) нарисовать<br>(Б) рисовать<br>(В) нарисовала<br>(Г) рисовала |
| – В театре нельзя ___13___ из зала во время спектакля. | (А) выходить<br>(Б) выйти<br>(В) выходили<br>(Г) выходят |
| – Нельзя ___14___ этот музей за один день. Здесь очень много произведений искусства. | (А) осматривать<br>(Б) осмотреть<br>(В) осматривают<br>(Г) будут осматривать |

## STEP 05 요점 정리 및 필수 표현 정리

💬 주체가 '여격'이 되는 동사 주의

- **приходиться – прийтись + 동사 원형**: 해야만 한다
- **удаваться – удаться + 동사 원형**: 성공하다
- **хотеться – захотеться + 동사 원형**: 하고 싶다, 할 필요가 있다

💬 특정 상과 함께 쓰는 동사 주의

- **НСВ (행동 초점)**: 선호도, 능력, 학습, 습관, 진행 등
- **СВ (결과 초점)**: 망각, 성공, 실패, 계획 등

💬 부정문에서의 동사 상 활용 주의

- **НСВ (행동 초점)**: 금지, 불필요
- **СВ (결과 초점)**: 불가능, 경고, 주의

어휘 영역 　　　　　　　 문법 영역

# 18 동사 ④ 　 동사의 상 ③

## ✎ 오늘의 학습 목표

☑ 어휘 학습 및 문제 풀이: 동사 ④

☑ 문법 개념 설명 및 문제 풀이: 동사의 상 ③

☑ 요점 정리 및 필수 표현 정리

---

**STEP 01** — **어휘 학습**

| | |
|---|---|
| знакомить | (동) ~를 소개해 주다 |
| знакомиться | (동) 서로 알게 되다 |
| дружить | (동) ~와 친하게 지내다 |
| 내 여자 친구가 나에게 자기 남자 친구를 소개해 줬습니다. | Моя подруга познакомила меня со своим другом. |
| 컨퍼런스에서 나는 한 학자와 알게 됐습니다. | На конференции я познакомился с одним учёным. |
| 막심은 알렉과 친하게 지냅니다. | Максим дружит с Олегом. |

| | |
|---|---|
| здороваться | (동) (만났을 때) 인사하다 |
| прощаться | (동) 작별 인사하다 |
| передавать привет | (동) 안부를 전하다 |
| 선생님이 교실에 들어오신 후에 우리와 인사를 했습니다. | Учитель поздоровался с нами, когда вошёл в класс. |
| 우리 모두는 수업 후에 서로 작별 인사를 했습니다. | Мы все попрощались друг с другом после уроков. |
| 디마, 부모님께 안부 전해줘! | Дима, передай привет родителям! |

## STEP 02 ─ 문법 개념 설명

💬 명령문에서의 동사의 상

### 1) CB 명령문

– 말할 때 주로 CB 명령문 활용!

| CB 명령문 | |
|---|---|
| 1회성 명령 | Купи, пожалуйста, хлеб! |
| 정확한 행동에 대한 요구 | Встань и прочитай то, что я написала на доске. |

### 2) HCB 명령문

– 행동 초점: 선호도, 능력, 습관, 학습, 진행 등과 관련된 표현

| HCB 명령문 | |
|---|---|
| 반복되는 명령 | Покупай хлеб каждое утро! |
| 지속적인 명령 | Ребята, отдыхайте дома весь день! |
| 행동 초점<br>(권유, 허락, 재촉) | Садитесь на своё место!<br>Приходите ко мне в гости! |
| 부정 명령문<br>(금지, 불필요) | Не покупай хлеб, у нас есть.<br>Не опаздывайте на урок! |

### 3) 청유 명령문

– '함께 ~하자!'라는 의미 → давай(те) 활용

| HCB 명령문 | |
|---|---|
| давай(те)<br>+ HCB 동사 원형<br>(반복, 지속, 행동 초점) | Давайте больше заниматься в библиотеке!<br>У нас скоро экзамен. |

| давай(те)<br>+ CB 미래 시제 мы 형태<br>(1회성 행위, 완료) | Давай <u>посмотрим</u> этот фильм!<br>Говорят, что он очень интересный. |
| --- | --- |

4) 시간절에서 동사 상의 활용

- когда, и, пока 등과 같은 시간절은 동사 상에 따라 의미가 다름

❶ 동시 동작 (~하면서)

| Когда НСВ, НСВ. | |
| --- | --- |
| НСВ и НСВ. | <u>Когда</u> я <u>гуляла</u> по парку, я <u>разговаривала</u> с другом. |
| Пока НСВ, НСВ. | |

❷ 진행 중 일어난 사건 (~하던 중에)

| Когда НСВ, СВ. | <u>Пока</u> я <u>смотрела</u> фильм, мама <u>приготовила</u> ужин. |
| --- | --- |
| Пока НСВ, СВ. | |

❸ 순차 행위 (~하고 나서)

| Когда СВ, СВ. | |
| --- | --- |
| СВ и СВ. | <u>Когда</u> я <u>сделала</u> домашнее задание, я <u>пошла</u> в кино. |
| Как только СВ, ~. | |

STEP 03 ── 어휘 문제 풀이                                                       정답 및 해설 **p.224**

| – Алёна, я хочу _____1_____ тебя с Мишей. | (А) познакомить<br>(Б) познакомиться<br>(В) дружить |
| --- | --- |

| | |
|---|---|
| – Ребята, очень приятно. Давайте _____2_____ ! | (А) познакомим<br>(Б) познакомимся<br>(В) дружим |
| – Оля очень хочет _____3_____ с Сашей. | (А) познакомить<br>(Б) познакомиться<br>(В) дружить |
| – Ученики должны _____4_____ с учителем, когда входят в класс. | (А) здороваться<br>(Б) прощаться<br>(В) передать привет |
| – Дети _____5_____ друг с другом и ушли домой. | (А) поздоровались<br>(Б) попрощались<br>(В) передали привет |
| – Я обязательно _____6_____ сестре твой привет. | (А) поздороваюсь<br>(Б) попрощаюсь<br>(В) передам |

## STEP 04 — 문법 문제 풀이

| | |
|---|---|
| – _____1_____ мне, пожалуйста, воды! | (А) Принести<br>(Б) Приносить<br>(В) Принесите<br>(Г) Приносите |
| – Серёжа, хорошо _____2_____ ! Ты очень устал. | (А) отдохни<br>(Б) отдыхай<br>(В) отдохнул<br>(Г) отдыхать |
| – Мария Ивановна, _____3_____ , пожалуйста, моё сочинение! | (А) проверяла<br>(Б) проверила<br>(В) проверяйте<br>(Г) проверьте |

| | |
|---|---|
| – Дима, завтра обязательно _____4_____ в 7 часов утра! У тебя же экзамен. | (А) вставай<br>(Б) встань<br>(В) встаньте<br>(Г) вставайте |
| – _____5_____ газеты каждое утро! | (А) Купите<br>(Б) Покупайте<br>(В) Купишь<br>(Г) Покупаешь |
| – Девушка, _____6_____ помедленнее! Я не понимаю вас. | (А) говорит<br>(Б) говорите<br>(В) скажите<br>(Г) скажет |
| – Ребята, _____7_____ ко мне в гости! Завтра у меня день рождения. | (А) придёте<br>(Б) приходите<br>(В) придите<br>(Г) приходили |
| – Мама, не _____8_____ эти фрукты! Кажется, они скоро испортятся. | (А) купи<br>(Б) покупай<br>(В) купите<br>(Г) покупайте |
| – Мама, давай _____9_____ на Байкале каждое лето! Мне очень нравится это озеро. | (А) отдыхаем<br>(Б) отдохнём<br>(В) отдыхать<br>(Г) отдохнуть |
| – Ира, давай _____10_____ вместе, что будем делать в выходные! | (А) думать<br>(Б) подумать<br>(В) думаем<br>(Г) подумаем |
| – Марина любит, когда отец _____11_____ цветы. | (А) принёс<br>(Б) принесёт<br>(В) приносил<br>(Г) приносит |

| – Пока друзья _____12_____ в теннис, я сделала домашнее задание. | (А) играют<br>(Б) играли<br>(В) играть<br>(Г) будут играть |
| --- | --- |
| – Максим прочитал текст и _____13_____ переводить его. | (А) начал<br>(Б) начинал<br>(В) начнёт<br>(Г) начинает |

---

**STEP 05** — **요점 정리 및 필수 표현 정리**

💬 비슷한 동사의 차이점 주의

- **знакомить – познакомить + 대격 + (с 조격)**: ~을 ~과 함께 소개해 주다
- **знакомиться – познакомиться + (с 조격)**: 서로 알고 지내다, 서로 인사를 나누다

💬 명령문에서 동사의 상 주의

- **НСВ** : 반복, 지속, 행동 초점(권유, 허락, 재촉), 금지
- **СВ** : 1회성 행위, 정확한 행동에 대한 요구

💬 시간절에서의 동사의 상 주의

- **НСВ** : 동시 동작(~하면서), 진행 중 일어난 사건(~하던 중에)
- **СВ** : 순차 행위(~하고 나서, ~하자 마자)

# 19   <small>어휘 영역</small> 동사 ⑤   <small>문법 영역</small> 운동 동사 ①

## ✏️ 오늘의 학습 목표

- ☑️ 어휘 학습 및 문제 풀이: 동사 ⑤
- ☑️ 문법 개념 설명 및 문제 풀이: 운동 동사 ①
- ☑️ 요점 정리 및 필수 표현 정리

---

**STEP 01** — 어휘 학습

| провожать | (동) ~를 배웅하다 |
|---|---|
| встречать | (동) ~를 만나다 / 마중 나가다 |
| встречаться | (동) ~와 함께 만나다 |
| 어제 내 친구가 모스크바로 떠났고 내가 그를 배웅해 줬습니다. | Вчера мой друг уехал в Москву, я провожала его. |
| 나는 직장으로 갈 때 이 여자를 자주 마주칩니다. | Я часто встречаю эту девушку, когда еду на работу. |
| 내일 한 시에 만나자! 괜찮지? | Давай завтра встретимся в час! Хорошо? |

| оставаться | (동) 남아 있다 |
|---|---|
| оставлять | (동) ~을 남겨 놓다, 놓아 두다 |
| останавливать | (동) ~을 세우다, 멈추다 |
| 우리에게는 수업 시작 전까지 한 시간이 남았습니다. | У нас остался час до начала урока. |
| 엄마가 식탁 위에 교통비를 놔두셨습니다. | Мама оставила на столе деньги на проезд. |
| 경찰이 이 자동차를 세웠습니다. | Полицейский остановил эту машину. |

STEP 02 ── 문법 개념 설명

💬 운동 동사

> – '움직임'과 관련된 모든 동사
> – 한 방향 '정태' 동사와 여러 방향 '부정태' 동사로 구분

주의 기본적인 운동 동사는 불완료상 (HCB) 동사

## 1. 자동사인 운동 동사

| 의미 | 정태 | 부정태 |
|---|---|---|
| 걷다 | идти | ходить |
| 타다 | ехать | ездить |
| 날다 | лететь | летать |
| 뛰다 | бежать | бегать |
| 헤엄치다 | плыть | плавать |

## 2. 타동사인 운동 동사

| 의미 | 정태 | 부정태 |
|---|---|---|
| (걸어서) 운반하다 | нести | носить |
| (싣고) 운반하다 | везти | возить |
| (걸어서) 데리고 가다 | вести | водить |

### 1) 정태 동사의 활용

> – '한 방향'으로의 움직임

| 현재 진행<br>(지금 ~로 가고 있다) | – Куда ты <u>идёшь</u>?<br>– Я <u>иду</u> в библиотеку. |
|---|---|
| 단일 방향 | Я всегда <u>иду</u> на работу пешком, а <u>еду</u> домой на метро. |

| 지속 | Я <u>долго еду</u> на работу, потому что сейчас на улице пробка. |
|---|---|
| 앞으로의 계획 | Завтра я <u>иду</u> в этот музей. |

## 2) 부정태 동사의 활용

> – '무질서한 방향', '여러 방향'으로의 움직임

| 무질서한 방향 | Я <u>хожу</u> <u>по магазинам</u>, чтобы купить красивые туфли. |
|---|---|
| 일상 생활의 반복<br>(주로 빈도 부사와 함께) | <u>Каждое воскресенье</u> я <u>езжу</u> с родителями за город. |
| 행동 초점<br>(선호도, 능력, 학습,<br>습관, 금지 등) | Маленькому ребёнку <u>понравилось</u> <u>ходить</u> пешком. |
| 과거에 이미 일어난<br>왕복 행위<br>(갔다 왔다) | В <u>прошлом году</u> мы с другом <u>ездили</u><br>в Санкт-Петербург. |

STEP 03 ─ **어휘 문제 풀이** 정답 및 해설 **p.225**

| | |
|---|---|
| – Мы поехали в аэропорт _____1_____ друга. | (А) провожать<br>(Б) встретить<br>(В) встретиться |
| – Когда я шла в кино, я _____2_____ Серёжу. | (А) проводила<br>(Б) встретила<br>(В) встретилась |
| – Вчера Маша _____3_____ с подругой около кинотеатра. | (А) проводила<br>(Б) встретила<br>(В) встретилась |

| | |
|---|---|
| – Мы все пошли обедать в ресторан, а папа _____4_____ один дома. | (A) остался<br>(Б) оставил<br>(В) остановил |
| – Володи нет дома, поэтому я _____5_____ записку. | (A) останусь<br>(Б) оставлю<br>(В) остановлю |
| – Маме было очень трудно идти, и она _____6_____ такси. | (A) осталась<br>(Б) оставила<br>(В) остановила |

## STEP 04 — 문법 문제 풀이

| | |
|---|---|
| – Здравствуйте, Анна Сергеевна!<br>Куда вы _____1_____ ? | (A) идёте<br>(Б) ходите |
| – Вчера мой брат _____2_____ в школу пешком, а ехал домой на трамвае. | (A) шёл<br>(Б) ходил |
| – Девушка, сколько времени _____3_____самолёт в Париж? | (A) летит<br>(Б) летает |
| – Мама _____4_____ за руку сына в детский сад. | (A) вела<br>(Б) водила |
| – Ну что, мы _____5_____ в цирк сегодня или нет? | (A) идём<br>(Б) ходим |
| – Когда Соня _____6_____ в Москву, в поезде она познакомилась с одним парнем. | (A) ехала<br>(Б) ездила |
| – Большие чайки _____7_____ над морем. | (A) летят<br>(Б) летают |
| – Мой брат всегда _____8_____ в школу на общественном транспорте. | (A) едет<br>(Б) ездит |
| – Этот спортсмен умеет очень быстро _____9_____ . | (A) бежать<br>(Б) бегать |

| | |
|---|---|
| – Мы сегодня очень хорошо отдохнули. <br> Мы _____10_____ в море до обеда. | (А) плыли <br> (Б) плавали |
| – Вчера я _____11_____ часы на ремонт. | (А) нёс <br> (Б) носил |
| – Вам нельзя _____12_____ . У вас сильно болят <br> ноги. | (А) идти <br> (Б) ходить |

## STEP 05 ─ 요점 정리 및 필수 표현 정리

💬 비슷한 동사의 차이점 주의

- встречать – встретить + 대격: ~을/를 만나다, 마중 나가다
- встречаться – встретиться + (с 조격): ~와 함께 만나다

---

- оставаться - остаться: 남아 있다
- оставлять – оставить + 대격 + где / 여격: ~을 ~에(게) 남겨 놓다, 놓아 두다
- останавливать – остановить + 대격: ~을 세우다, 정지하다

💬 동사의 상과 운동 동사는 다른 개념

- НСВ(반복, 지속)와 СВ(1회성 행위, 완료)
- 정태(결과 초점)와 부정태(여러 방향): 기본적으로 둘 다 НСВ

💬 자동사, 타동사인 운동 동사들 주의

- нести / везти / вести (반복, 지속)는 반드시 목적어가 와야 함

# 20 어휘 영역 동사 ⑥    문법 영역 운동 동사 ②

## ✏️ 오늘의 학습 목표

☑️ 어휘 학습 및 문제 풀이: 동사 ⑥

☑️ 문법 개념 설명 및 문제 풀이: 운동 동사 ②

☑️ 요점 정리 및 필수 표현 정리

## STEP 01 — 어휘 학습

| звать | (동) ~를 부르다 |
|---|---|
| называть | (동) ~를 ~라고 부르다, 명명하다 |
| называться | (동) ~라고 불리다 |
| 나는 음식을 주문하기 위해 웨이터를 불렀습니다. | Я позвала официанта, чтобы заказать блюда. |
| 나는 자신의(나의) 아들을 막심이라고 이름 지었습니다. | Я назвал своего сына Максимом. |
| 이 거리는 '트베르스카야'라고 불립니다. | Эта улица называется «Тверская». |

| знать | (동) ~을 알다 |
|---|---|
| мочь | (동) ~할 수 있다(가능성) |
| уметь | (동) ~할 수 있다(능력) |
| 나는 네 전화 번호를 몰라. | Я не знаю твой номер телефона. |
| 나는 제 시간에 일을 끝낼 수 있습니다. | Я могу закончить работу вовремя. |
| 나는 러시아 음식을 만들 줄 압니다. | Я умею готовить русские блюда. |

💬 1. 접두사가 있는 운동 동사

> – '접두사'에 따라 의미가 달라지는 운동 동사
>
> – НСВ였던 정태, 부정태의 상을 다르게 해 주는 역할

| 접두사 + 부정태 | 접두사 + 정태 |
|---|---|
| НСВ<br>(반복) | СВ<br>(1회성 행위) |

💬 2. 접두사의 의미

| 접두사 | НСВ | СВ | 전치사 |
|---|---|---|---|
| при-<br>(도착) | приходить | прийти | + куда<br>+ к 여격 |
| | приезжать | приехать | + откуда<br>+ от 생격 |
| у-<br>(떠남) | уходить | уйти | + куда<br>+ к 여격 |
| | уезжать | уехать | + откуда<br>+ от 생격 |
| в(о)-<br>(안으로) | входить | войти | + в 대격 |
| | въезжать | въехать | |
| вы-<br>(안에서) | выходить | выйти | + из 생격 |
| | выезжать | выехать | + куда |
| про-<br>(통과, 지나쳐서) | проходить | пройти | + 대격<br>+ через 대격<br>+ мимо 생격 |
| | проезжать | проехать | |
| пере-<br>(건너서) | переходить | перейти | + 대격<br>+ через 대격<br>+ куда |
| | переезжать | переехать | |

| по-<br>(출발, 시작) | 정태와 결합해서<br>'출발'이라는<br>의미의<br>완료상으로 활용 | пойти | + куда<br>+ к 여격 |
| | | поехать | + откуда<br>+ от 생격 |
| об(о)-<br>(돌아서, 우회해서) | обходить | обойти | + 대격 |
| | объезжать | объехать | + вокруг 생격 |

---

**STEP 03** — **어휘 문제 풀이**

정답 및 해설 p.226

- Моего младшего брата _____**1**_____ Иван.

(А) зовут
(Б) называют
(В) называются

- В России Красную площадь _____**2**_____ символом страны.

(А) зовут
(Б) называют
(В) называются

- Этот университет _____**3**_____ «МГУ».

(А) зовёт
(Б) называет
(В) называется

- Я немного _____**4**_____ об этой стране.

(А) знаю
(Б) могу
(В) умею

- Дети не _____**5**_____ написать сочинение на такую трудную тему.

(А) знают
(Б) могут
(В) умеют

- Аня хорошо _____**6**_____ плавать.

(А) знает
(Б) может
(В) умеет

| | |
|---|---|
| – Откуда вы _____ 1 _____ ? | (А) приехали<br>(Б) уехали<br>(В) доехали<br>(Г) объехали |
| – Мои бабушка и дедушка часто _____ 2 _____ к нам в Корею. | (А) приедут<br>(Б) приезжают<br>(В) уедут<br>(Г) уезжают |
| – Когда Петя _____ 3 _____ работать в Америку, родители часто писали ему. | (А) приехал<br>(Б) уехал<br>(В) подъехал<br>(Г) отъехал |
| – Увидев моих друзей, моя кошка _____ 4 _____ . | (А) перебежала<br>(Б) вбежала<br>(В) выбежала<br>(Г) убежала |
| – Кто-то _____ 5 _____ в комнату и позвал меня. | (А) вошёл<br>(Б) вышел<br>(В) пришёл<br>(Г) подошёл |
| – Учитель _____ 6 _____ торт в класс, чтобы поздравить детей с поступлением в школу. | (А) понёс<br>(Б) внёс<br>(В) вынес<br>(Г) занёс |
| – Директора сейчас нет, он _____ 7 _____ ненадолго. | (А) вошёл<br>(Б) пришёл<br>(В) вышел<br>(Г) ушёл |

| | |
|---|---|
| – Дима часто _____**8**_____ свою собаку гулять в парк. | (А) приводит<br>(Б) выводит<br>(В) вводит<br>(Г) уводит |
| – Юля, почему ты _____**9**_____ мимо Юры и не поздоровалась? Он же обиделся на тебя. | (А) дошла<br>(Б) зашла<br>(В) перешла<br>(Г) прошла |
| – Ой, мы _____**10**_____ нашу остановку. | (А) проехали<br>(Б) приехали<br>(В) выехали<br>(Г) поехали |
| – Ребята, нельзя _____**11**_____ улицу на красный цвет! Это очень опасно. | (А) проходить<br>(Б) пройти<br>(В) перейти<br>(Г) переходить |
| – Зимой птицы _____**12**_____ с севера на юг, чтобы жить в тепле. | (А) пролетают<br>(Б) перелетают<br>(В) долетают<br>(Г) подлетают |
| – Мама приготовила ужин и _____**13**_____ в парк. | (А) вошла<br>(Б) зашла<br>(В) пошла<br>(Г) ушла |
| – Мы _____**14**_____ это озеро на велосипеде. | (А) обошли<br>(Б) объехали<br>(В) пошли<br>(Г) поехали |
| – Дети _____**15**_____ вокруг этого необычного памятника. | (А) пошли<br>(Б) зашли<br>(В) обошли<br>(Г) ушли |

💬 비슷한 동사의 차이점 주의

> – **называть – назвать** + 대격 + 조격: ~을 ~라고 부르다, 이름 짓다, 명명하다
>
> – **называться** + как / 조격: (사물이) ~라고 불리다

💬 접두사가 붙은 운동 동사의 상 주의

> – **둘 다 HCB였던 운동 동사의 상 구분**
>
> ① 정태 동사 идти / 부정태 동사 ходить 모두 HCB
>
> ② 각 동사에 특정한 접두사가 결합 (예: при-, за-, у- 등)
>
> ③ 접두사 + 정태 = CB(1회성)
>
>   접두사 + 부정태 = HCB(반복)

💬 접두사의 의미 주의

> – **각 접두사의 의미 꼭 기억하기**

# 21 어휘 영역 동사 ⑦    문법 영역 운동 동사 ③

학습 날짜    /    학습 완료

## ✏️ 오늘의 학습 목표

☑️ 어휘 학습 및 문제 풀이: 동사 ⑦

☑️ 문법 개념 설명 및 문제 풀이: 운동 동사 ③

☑️ 요점 정리 및 필수 표현 정리

STEP 01 — 어휘 학습

| спрашивать | (동) 질문하다 |
|---|---|
| просить | (동) 요청하다 |
| советовать | (동) 조언하다 |
| 나는 엄마에게 언제 시골에 가시는지 여쭤봤습니다. | Я спросила маму, когда она поедет в деревню. |
| 나는 엄마한테 보르시를 요리해 달라고 부탁했습니다. | Я попросила маму, чтобы она приготовила борщ. |
| 나는 남동생에게 엄마한테 꽃을 사 드리라고 조언합니다. | Я советую брату купить маме цветы. |

| | + 대격 | (동) 시청하다, 보다 |
|---|---|---|
| смотреть | + в 대격 | (동) (~을 통해서) 응시하다 |
| | + на 대격 | (동) (대상을) 쳐다보다 |
| видеть + 대격 | | (동) 보이다 |
| 나는 오랫동안 이 높은 건물을 쳐다봤습니다. | | Я долго смотрел на это высокое здание. |
| 나는 기차를 타고 가면서 창 밖을 응시했습니다. | | Когда я ехал на поезде, я смотрел в окно. |
| 올랴, 너 어디니? 너는 무엇이 보이니? | | Оля, ты где? Что ты видишь? |

💬 1. 접두사의 의미

| 접두사 | НСВ | СВ | 전치사 |
|---|---|---|---|
| за-<br>(들름) | заходить | зайти | + куда<br>+ к 여격 |
| | заезжать | заехать | + за 조격<br>+ по дороге |
| до-<br>(도달) | доходить | дойти | + до 생격 |
| | доезжать | доехать | |
| под(о)-<br>(접근) | подходить | подойти | + к 여격 |
| | подъезжать | подъехать | |
| от(о)-<br>(물러남) | отходить | отойти | + от 생격 |
| | отъезжать | отъехать | |

💬 2. 운동 동사의 중의적 표현

– 이동의 의미가 아닌 '관용어구'처럼 쓰이는 표현

❶ идти 동사의 활용

| 시간이 흐르다 (가다, 경과하다) | Время идёт. / Годы идут. |
|---|---|
| 사건이 진행되다 | Урок (фильм, балет …) идёт. |
| 교통수단이 움직이다 | Автобус (поезд, трамвай …) идёт. |
| 눈, 비가 내리다 | Снег (дождь) идёт. |
| ~에게 ~이 어울리다 | Кому идёт + 단수 주어 / идут + 복수 주어 |

❷ ходить 동사의 활용

| ~을 입고 다니다 | ходить в брюках (очках, часах …) |
|---|---|

❸ носить 동사의 활용

| ~을 입고 다니다 | носить брюки (очки, часы ...) |
|---|---|
| 이름을 빌려 쓰다 | носить имя |
| 수염을 기르다 | носить усы (бороду ...) |

❹ водить 동사의 활용

| 운전하다 | водить машину |
|---|---|

❺ вести 동사의 활용

| 태도가 좋다 / 나쁘다 | вести себя хорошо / плохо |
|---|---|
| ~을 진행하다 | вести урок (передачу, разговор ...) |

❻ плыть 동사의 활용

| 구름이 움직이다 | Облака плывут. |
|---|---|

❼ везти 동사의 활용

| 운이 좋다 | Кому + везёт (현재) |
|---|---|
| | повезло (과거) |
| | повезёт (미래) |

| | |
|---|---|
| – Алёна _____1_____ меня, где находится Публичная библиотека. | (А) спросила<br>(Б) попросила<br>(В) посоветовала |
| – Я _____2_____ друга помочь мне. | (А) спросил<br>(Б) попросил<br>(В) посоветовал |
| – Врач всегда _____3_____ отцу бросить курить. | (А) спрашивает<br>(Б) просит<br>(В) советует |
| – Каждый вечер мои дети _____4_____ мультфильмы по телевизору. | (А) смотрят<br>(Б) смотреть<br>(В) видят |
| – Мама долго _____5_____ на меня и потом спросила, что со мной случилось. | (А) смотрит<br>(Б) смотрела<br>(В) видела |
| – После операции мой дедушка намного лучше _____6_____ . | (А) смотрит<br>(Б) смотрел<br>(В) видит |

STEP 04 ── 문법 문제 풀이

| | |
|---|---|
| – После работы я _____1_____ в магазин за продуктами. | (А) дойду<br>(Б) приду<br>(В) зайду<br>(Г) обойду |
| – Ваня попросил меня ненадолго _____2_____ к нему. | (А) зайти<br>(Б) пройти<br>(В) перейти<br>(Г) дойти |

| | |
|---|---|
| – Девушка, как _____3_____ до университета? | (А) зайти<br>(Б) пройти<br>(В) перейти<br>(Г) дойти |
| – Дети обычно _____4_____ до школы за 5 минут. | (А) забегают<br>(Б) прибегают<br>(В) добегают<br>(Г) убегают |
| – Нина увидела друзей в парке и _____5_____ к ним поздороваться. | (А) пошла<br>(Б) подошла<br>(В) отошла<br>(Г) прошла |
| – Машина быстро _____6_____ к нашему дому. | (А) приехала<br>(Б) отъехала<br>(В) заехала<br>(Г) подъехала |
| – Мне надо открыть эту дверь, _____7_____, пожалуйста! | (А) отойди<br>(Б) отойти<br>(В) подойти<br>(Г) подойди |
| – Я не знаю, что надеть, потому что мама _____8_____ все мои куртки в химчистку. | (А) принесла<br>(Б) отнесла<br>(В) внесла<br>(Г) вынесла |
| – Время так быстро _____9_____! Уже конец года. | (А) идёт<br>(Б) ходит<br>(В) идти<br>(Г) ходить |
| – Мы должны поспешить на вокзал. Поезд всегда _____10_____ вовремя. | (А) идёт<br>(Б) приходит<br>(В) придёт<br>(Г) переходит |

| | |
|---|---|
| – На уроках Вова _____11_____ себя очень плохо. | (А) летит<br>(Б) идёт<br>(В) ведёт<br>(Г) несёт |
| – Эта девушка часто _____12_____ в джинсах. | (А) идёт<br>(Б) ходит<br>(В) несёт<br>(Г) носит |
| – Лена, ты так хорошо _____13_____ машину! Где ты научилась? | (А) водить<br>(Б) водишь<br>(В) ведёшь<br>(Г) возишь |
| – Красивые облака _____14_____ по небу. | (А) летят<br>(Б) летают<br>(В) плывут<br>(Г) плавают |
| – Ура! Нам очень _____15_____ ! Я смогла купить билеты на концерт, на котором будет выступать известный певец. | (А) везёт<br>(Б) ведёт<br>(В) повезло<br>(Г) повело |

## STEP 05 ── 요점 정리 및 필수 표현 정리

💬 한국어 해석과의 차이 주의

> – спрашивать – спросить + 대격 + о 전치격: ~에게(대격) ~에 대해서 물어보다
>
> – просить – попросить + 대격 + 동사 원형: ~에게(대격) ~해 달라고 요청하다
>
> + 대격 + у 생격: ~에게(у 생격) ~을 요청하다

💬 의미상의 차이 주의

- **смотреть** – **посмотреть** + 대격: ~을 시청하다
  + **на** 대격: (대상을) 쳐다보다
  + **в** 대격: (~을 통해) 응시하다
- **видеть** – **увидеть** + 대격: ~을 보다

💬 접두사가 붙은 운동 동사의 상 및 의미 주의

- 접두사 + 부정태: НСВ(반복) / 접두사 + 정태: СВ(1회성)
- 각 접두사의 의미 꼭 기억하기

💬 운동 동사의 중의적 표현

- 관용어구 / 숙어처럼 통 단어로 외우기

# 22 어휘 영역 동사 ⑧    문법 영역 접속사 ①

## ✏️ 오늘의 학습 목표

☑️ 어휘 학습 및 문제 풀이: 동사 ⑧

☑️ 문법 개념 설명 및 문제 풀이: 접속사 ①

☑️ 요점 정리 및 필수 표현 정리

---

**STEP 01** ── 어휘 학습

| слушать + 대격 | | (동) ~을 듣다 |
|---|---|---|
| слышать | + 대격 | (동) ~을 듣다(들리다) |
| | + о 전치격 | (동) ~에 대해 들어서 알다 |

| 나는 클래식 음악 듣는 것을 좋아합니다. | Я люблю слушать классическую музыку. |
|---|---|
| 교실에서 우리는 소음을 듣습니다 (교실 안에서 소음이 들립니다). | В классе мы слышим шум. |
| 당신은 이 소식을 들으셨습니까? | Вы слышали эту новость? |

| помнить | (동) 기억하다 |
|---|---|
| вспоминать | (동) 회상하다, 떠올리다 |
| запоминать | (동) 기억에 새기다, 외우다 |

| 유감스럽게도 나는 당신의 이름을 기억 못합니다. | К сожалению, я не помню ваше имя. |
|---|---|
| 나는 자주 학창 시절을 회상하곤 합니다. | Я часто вспоминаю студенческие годы. |
| 모든 정보를 다 기억하세요! (기억해서 외우세요!) | Запомните всю информацию! |

**문법 개념 설명**

💬 접속사

- 문장을 연결할 때 활용
- 접속사의 형태와 의미는 뒤의 문장에서의 역할에 따라 결정

| 문장의 성분이 되는 접속사 | 문장의 성분이 아닌 접속사 |
|---|---|
| кто, что, какой, чей, который ... | как, что, чтобы, если, потому что ... |

💬 1. 대등 접속사

| и | 그리고, 그래서 | Начался дождь, и мы вернулись домой. |
|---|---|---|
| или | 혹은 | Посоветуй, какой цвет мне идёт! Чёрный или белый? |
| не только А, но и Б | А뿐만 아니라 Б도 | Я люблю не только кофе, но и чай. |
| а | 반면에, 그런데 (대조, 비교) | Вчера было холодно, а сегодня тепло. |
| но | 하지만 (모순) | Вчера было холодно, но мы поехали на море плавать. |

💬 2. 문장 내의 성분이 되는 접속사

| кто | Я не знаю, кто приходил ко мне. |
|---|---|
| | Я не знаю, у кого есть машина. |
| | Я не знаю, кому я дал словарь. |
| что | Я не знаю, что читала моя сестра. |
| | Я не знаю, с чем ты пьёшь кофе. |
| | Я не знаю, о чём ты говорил маме. |
| какой | Я не знаю, какой врач работает здесь. |
| | Я не знаю, у какого врача есть машина. |
| | Я не знаю, к какому врачу я ходил. |

| | |
|---|---|
| **чей** | Я не знаю, <u>чью</u> сестру любит Максим. |
| | Я не знаю, <u>с чьей</u> сестрой танцевал Юра. |
| | Я не знаю, <u>о чьей</u> сестре ты говорил маме. |

💬 관계 대명사 & 관계 부사

> – 같은 단어가 있는 두 문장 연결(선행사 수식)
> – 관계 대명사의 형태는 뒷문장에서의 역할에 따라 결정

| | |
|---|---|
| **Я знаю**<br><br>**студента,** | <u>который</u> хорошо знает математику. |
| | <u>у которого</u> есть хороший словарь. |
| | <u>которому</u> он подарил футбольный мяч. |
| | <u>которого</u> любят все друзья. |
| | <u>с которым</u> ты познакомился на дискотеке. |
| | <u>о котором</u> ты часто думаешь. |

> – 선행사가 장소, 시간일 경우: который 대신 관계 부사(где, куда, откуда, когда) 활용 가능

| | |
|---|---|
| **Я хочу**<br><br>**пойти в**<br><br>**музей,** | <u>где</u> можно увидеть известные картины (в котором). |
| | <u>куда</u> недавно мои друзья ходили (в который). |
| | <u>откуда</u> моя мама только что вернулась (из которого). |
| **Я очень**<br><br>**жду время,** | <u>когда</u> мой брат поступит в МГУ (в которое). |

## STEP 03 │ 어휘 문제 풀이

정답 및 해설 p.228

| | |
|---|---|
| – Мои дети всегда внимательно ____1____ детские песни. | (А) слушают<br>(Б) слышат<br>(В) слышали |
| – Повторите ещё раз, пожалуйста! Я вас очень плохо ____2____ . | (А) слушаю<br>(Б) слышу<br>(В) слушал |
| – Мама много ____3____ о нашем учителе. | (А) слушала<br>(Б) слышат<br>(В) слышала |
| – Я не ____4____ твой адрес, поэтому я не могу послать тебе то, что ты попросил. | (А) помню<br>(Б) вспоминаю<br>(В) запоминаю |
| – Я часто ____5____ , как мы с братом проводили лето в детстве. | (А) помню<br>(Б) вспоминаю<br>(В) запоминаю |
| – Ребята, ____6____ все слова, которые мы вместе учили на уроке! | (А) помните<br>(Б) вспомните<br>(В) запомните |

## STEP 04 │ 문법 문제 풀이

| | |
|---|---|
| – В выходные было тепло, ____1____ мы гуляли в парке. | (А) или<br>(Б) и<br>(В) а<br>(Г) но |
| – Мы долго думали, какой роман выбрать: классический ____2____ современный? | (А) и<br>(Б) или<br>(В) а<br>(Г) но |

| | |
|---|---|
| – Здесь можно увидеть произведения не только русских, ___3___ зарубежных художников. | (А) а<br>(Б) и<br>(В) но и<br>(Г) но |
| – Моя сестра играет на скрипке, ___4___ мой брат на гитаре. | (А) а<br>(Б) и<br>(В) но и<br>(Г) но |
| – Я забыла, ___5___ подарки ты хочешь получить на день рождения. | (А) каких<br>(Б) каким<br>(В) какие<br>(Г) какими |
| – Я хочу узнать, ___6___ подаркам мама будет рада. | (А) каких<br>(Б) каким<br>(В) какие<br>(Г) какими |
| – Ольга спросила меня, ___7___ другом я познакомилась вчера. | (А) чей<br>(Б) чьего<br>(В) с чьим<br>(Г) чьему |
| – Я не знаю, ___8___ детях мама всегда заботится. | (А) чьи<br>(Б) о чьих<br>(В) с чьими<br>(Г) для чьих |
| – Я позвонил другу, ___9___ вместе учился. | (А) который<br>(Б) которого<br>(В) о котором<br>(Г) с которым |
| – Я уже ходила на выставку, ___10___ ты интересуешься. | (А) которая<br>(Б) которой<br>(В) о которой<br>(Г) которую |

| | |
|---|---|
| – Вот мой результат экзамена, _____11_____ мама была очень довольна. | (А) который<br>(Б) которому<br>(В) которым<br>(Г) с которым |
| – Я вижу профессора, _____12_____ изучает корейскую историю. | (А) который<br>(Б) которого<br>(В) которому<br>(Г) в котором |
| – Майкл приехал в Москву, _____13_____ давно мечтал побывать. | (А) какой<br>(Б) где<br>(В) куда<br>(Г) откуда |

## STEP 05 ─ 요점 정리 및 필수 표현 정리

💬 의미상의 차이 주의

- слушать – послушать + 대격: ~을 듣다/(사람 말을) 듣다
- слышать – услышать + 대격: ~을 듣다(들리다)
                              + о 전치격: ~에 대해 들어서 알다

💬 형태가 변하는 접속사 주의

- 문장 내의 성분이 되는 кто, что, какой, чей ... 등은 뒷문장의 의미 및 역할에 따라 형태 결정

💬 관계 대명사 및 관계 부사 활용 주의

- 접속사와는 달리 선행사를 수식
- 뒷문장에서의 선행사 위치에 따라 형태 결정

| 학습 날짜 | / | 학습 완료 |

# 23

**어휘 영역** 동사 ⑨

**문법 영역** 접속사 ②

## ✏️ 오늘의 학습 목표

- ☑️ 어휘 학습 및 문제 풀이: 동사 ⑨
- ☑️ 문법 개념 설명 및 문제 풀이: 접속사 ②
- ☑️ 요점 정리 및 필수 표현 정리

**STEP 01** — 어휘 학습

| | |
|---|---|
| начинать | (동) ~을 시작하다 |
| продолжать | (동) ~을 계속하다 |
| заканчивать | (동) ~을 끝내다 |
| 나는 3개월 전에 러시아어 배우는 것을 시작했습니다. | Я начал изучать русский язык 3 месяца назад. |
| 막심은 일하는 것을 계속합니다. | Максим продолжает работать. |
| 선생님은 수업을 항상 5시에 끝냅니다. | Учитель всегда заканчивает уроки в 5 часов. |

| | |
|---|---|
| стать | (동) ~이 되다 / 시작하다 |
| оканчивать | (동) 끝내다 / 졸업하다 |
| бросать | (동) 포기하다, 그만두다 |
| 추워지기 시작했습니다. 따뜻하게 입어야 합니다. | Стало холодно. Надо одеться тепло. |
| 나는 음악 학교를 졸업했습니다. | Я окончил музыкальную школу. |
| 나의 아버지는 담배 피우는 것을 그만두셨습니다. | Мой отец бросил курить. |

STEP 02 ── **문법 개념 설명**

💬 접속사

┌─────────────────────────────────────────────────┐
│ – 문장을 연결할 때 활용                            │
│ – 접속사의 형태와 의미는 뒤의 문장에서의 역할에 따라 결정 │
└─────────────────────────────────────────────────┘

💬 1. 목적 접속사

| что | ~라는 사실을, ~라고<br>(사실 전달) | Я думаю, <u>что</u> ты скоро станешь хорошим учителем. |
|---|---|---|
| чтобы | + 동사 원형<br>: ~하기 위해 (목적) | Я иду в магазин, <u>чтобы</u> купить продукты для ужина. |
| | + 주어 + 과거 동사<br>: ~하기를 (바람, 요청) | Я хочу, <u>чтобы</u> ты <u>посмотрел</u> этот фильм. |

💬 2. 조건 & 의문 접속사

| если | ~한다면 할 것이다<br>(실현 가능한 조건) | <u>Если</u> завтра будет тепло, мы поедем на море. |
|---|---|---|
| если бы 과거,<br>бы 과거 | ~했다면 했을 텐데<br>(실현 불가능한 조건,<br>과거에 대한 후회) | <u>Если</u> бы завтра было тепло, мы <u>бы</u> <u>поехали</u> на море. |
| 단어 + ли | ~인지 아닌지<br>(의혹, 의심) | Я не знаю, <u>поедем</u> <u>ли</u> мы на море. |

💬 3. 인과 접속사

| потому что | | Я рано закончила работать, <u>потому что</u> у папы сегодня день рождения. |
|---|---|---|
| | 왜냐하면 ~ | |
| так как | | <u>Так как</u> у папы сегодня день рождения, я рано закончила работать. |

| поэтому | 그래서 | У папы сегодня день рождения, <u>поэтому</u> я рано закончила работать. |
|---|---|---|
| из-за того, что | ~ 때문에 (부정적인 의미) | Мы не играли в теннис, <u>из-за того, что</u> начался дождь. |
| благодаря тому, что | ~ 덕분에 (긍정적인 의미) | Я хорошо учился в школе, <u>благодаря тому, что</u> мои старшие братья часто помогали. |

💬 4. 양보 접속사

| хотя | 비록 ~일지라도 | <u>Хотя</u> Мария не окончила университет, она работает в крупной компании. |
|---|---|---|
| несмотря на то, что | | <u>Несмотря на то, что</u> Мария не окончила университет, она работает в крупной компании. |

💬 5. 시간 접속사

| когда / и | ~할 때<br>~하던 중에<br>~하고 나서 | <u>Когда</u> Ваня окончил школу, он уехал в Москву. |
|---|---|---|
| пока | ~할 때<br>~하던 중에 | <u>Пока</u> Ваня делал домашнее задание, мама готовила ужин. |
| как только | ~하자 마자 | <u>Как только</u> закончился урок, все убежали из класса. |
| после того, как | ~하고 나서 | <u>После того, как</u> я сдал все экзамены, я начал писать дипломную работу. |

## STEP 03 — 어휘 문제 풀이

정답 및 해설 p.229

| | |
|---|---|
| – В России спектакли всегда _____ **1** _____ в 7 часов. | (А) начинаются<br>(Б) продолжаются<br>(В) заканчивается |
| – Учитель _____ **2** _____ урок после перерыва. | (А) начал<br>(Б) продолжил<br>(В) закончил |
| – Вчера я _____ **3** _____ работать в 10 вечера, поэтому поздно вернулся домой. | (А) начал<br>(Б) продолжил<br>(В) закончил |
| – От нечего делать, ребёнок _____ **4** _____ читать газету. | (А) стал<br>(Б) окончил<br>(В) бросил |
| – Моя старшая сестра _____ **5** _____ МГУ, и сейчас работает юристом. | (А) стала<br>(Б) окончила<br>(В) бросила |
| – Этот учёный _____ **6** _____ начатый эксперимент и ушёл из института. | (А) стал<br>(Б) окончил<br>(В) бросил |

## STEP 04 — 문법 문제 풀이

| | |
|---|---|
| – Я слышала, _____ **1** _____ недалеко от нашего дома открылся новый торговый центр. | (А) что<br>(Б) чтобы |
| – Витя попросил маму, _____ **2** _____ она оставила ему деньги на обед. | (А) что<br>(Б) чтобы |
| – Максим сказал, _____ **3** _____ мы обязательно посмотрели этот балет. | (А) что<br>(Б) чтобы |
| – Коля приедет ко мне, _____ **4** _____ . | (А) если сможет<br>(Б) сможет ли |

| | |
|---|---|
| – Никто не уверен, _____ 5 _____ Максим приехать в Москву. | (А) если сможет<br>(Б) сможет ли |
| – _____ 6 _____ Миша сдал экзамены, родители были бы рады. | (А) Если<br>(Б) Если бы |
| – Настя не пошла в кино с друзьями, _____ 7 _____ у неё завтра важное собрание. | (А) потому что<br>(Б) поэтому |
| – Дети долго играли в баскетбол, _____ 8 _____ они очень устали. | (А) потому что<br>(Б) поэтому |
| – Мы опоздали на поезд _____ 9 _____ мой брат очень медленно собирался. | (А) из-за того, что<br>(Б) благодаря тому, что |
| – _____ 10 _____, я пока не нашла хорошую работу. | (А) Хотя я окончила лучший университет<br>(Б) Если я окончила лучший университет<br>(В) Если бы я окончила лучший университет |
| – Катя не получила награду, _____ 11 _____ она очень старалась. | (А) так как<br>(Б) несмотря на то, что<br>(В) если |
| – Мама обошла все книжные магазины, _____ 12 _____ искала нужную мне книгу. | (А) если<br>(Б) когда<br>(В) хотя |
| – _____ 13 _____ мой брат окончит школу, он поедет в Москву учиться. | (А) Пока<br>(Б) И<br>(В) После того, как |
| – _____ 14 _____ автобус остановился, мы все вышли. | (А) Как только<br>(Б) И<br>(В) Пока |

**STEP 05** — **요점 정리 및 필수 표현 정리**

💬 의미상의 차이 주의

> - **заканчивать – закончить** + 대격 / 동사 원형: ~을 끝내다
> - **оканчивать – окончить** + 대격: ~을 졸업하다
> - **бросать – бросить** + 대격 / 동사 원형: ~을 그만두다, 포기하다

💬 접속사의 의미 주의

> **항상 보기에 같이 주어지는 접속사를 비교해서 기억하기!**
> - **что** (사실 전달) / **чтобы** (목적, 요청)
> - **если** (가정) / **단어 + ли** (의심)
> - **потому что** (원인) / **поэтому** (결과)

# 24  어휘 영역 동사 ⑩  문법 영역 부동사

## ✏️ 오늘의 학습 목표

- ✅ 어휘 학습 및 문제 풀이: 동사 ⑩
- ✅ 문법 개념 설명 및 문제 풀이: 부동사
- ✅ 요점 정리 및 필수 표현 정리

## STEP 01 — 어휘 학습

| | |
|---|---|
| основывать | (동) 기반으로 하다, 창립하다 |
| создавать | (동) 만들다, 창조하다 |
| открывать | (동) 열다, 발견하다 |
| 표트르 1세가 상트페테르부르크를 건설했습니다. | Пётр Первый основал Санкт-Петербург. |
| 그는 훌륭한 교향곡을 만들었습니다. | Он создал прекрасную симфонию. |
| 이 학자가 새로운 현상을 발견했습니다. | Этот учёный открыл новое явление. |

| | |
|---|---|
| осматривать | (동) 둘러보다, 진찰하다 |
| рассматривать | (동) 검토하다, 심사하다 |
| 여행객들이 붉은 광장을 둘러보고 있습니다. | Туристы осматривают Красную площадь. |
| 의사가 환자를 진찰하고 있습니다. | Врач осматривает больного. |
| 교수님들이 학생들의 작품을 심사하고 있습니다. | Профессора рассматривают работу студентов. |

STEP 02 — **문법 개념 설명**

💬 부동사

- 부사의 의미 + 동사의 성질을 가지고 있는 형태
- 기본적으로 '시간'을 의미
- когда, и, пока... 등 시간 접속사 대신 활용

| HCB 부동사 | CB 부동사 |
|---|---|
| 동시 동작 (~하면서)<br>진행 중 일어난 일 (~하던 중에) | 순차 행위 (~하고 나서) |

💬 1. HCB 부동사

- Когда HCB, HCB / Когда HCB, CB 대신 활용

| HCB 부동사 (~하면서 / ~하던 중에) |
|---|
| –я / –а, –ясь / –ась |
| (동사 они 현재형 기준으로 변화) |

| работать | работа<u>я</u> |
|---|---|
| спешить | спеш<u>а</u> |
| заниматься | занима<u>ясь</u> |
| учиться | уч<u>ась</u> |

**<u>Когда</u> я слушаю музыку, я смотрю телевизор.**

→ <u>Слушая</u> музыку, я смотрю телевизор.

**<u>Когда</u> я возвращалась домой, я встретила друга.**

→ <u>Возвращаясь</u> домой, я встретила друга.

💬 1-1. НСВ 부동사 주의 사항

| – 부동사는 시제와 상관 없음 |
|---|

| 현재<br>(~하면서 ~한다) | <u>Учась</u> в институте, я <u>подрабатываю</u> в кафе. |
|---|---|
| 과거<br>(~하면서 ~했다) | <u>Учась</u> в институте, я <u>подрабатывал</u> в кафе. |
| 미래<br>(~하면서 ~할 것이다) | <u>Учась</u> в институте, я <u>буду</u> <u>подрабатывать</u> в кафе. |

| – 동사의 성질을 그대로 유지 |
|---|

| учиться + где | <u>Учась</u> <u>в</u> <u>институте</u>, я подрабатываю в кафе. |
|---|---|

💬 2. СВ 부동사

| – Когда СВ, СВ 대신 활용 |
|---|

| СВ 부동사 (~하고 나서) |
|---|
| –в / –вшись<br>(동사 он 과거형 기준으로 변화) |

| купить | купи<u>в</u> |
|---|---|
| написать | написа<u>в</u> |
| вернуться | вернув<u>шись</u> |
| попрощаться | попроща<u>вшись</u> |

| <u>Когда</u> я <u>написал</u> письмо, я пошёл на почту. |
|---|
| → <u>Написав</u> письмо, я пошёл на почту. |
| Я <u>сделаю</u> домашнее задание и посмотрю фильм. |
| → <u>Сделав</u> домашнее задание, я посмотрю фильм. |

💬 2-1. CB 부동사 주의 사항

> – CB 부동사 중 어미가 HCB 부동사처럼 '-я'가 되는 경우
> – 역할과 의미는 'CB 부동사'

| -йти | -йдя | пройти → пройдя |
|------|------|------------------|
| -нести | -неся | вынести → вынеся |
| -везти | -везя | привезти → привезя |
| -вести | -ведя | перевести → переведя |

> – 부동사는 시제와 상관 없음

| 과거<br>(~하면서 ~했다) | Попрощавшись с друзьями, я уехал на родину. |
|------|------|
| 미래<br>(~하면서 ~할 것이다) | Попрощавшись с друзьями, я уеду на родину. |

> – 동사의 성질을 그대로 유지

| попрощаться + с кем | Попрощавшись с друзьями, я уехал на родину. |
|------|------|

## STEP 03 — 어휘 문제 풀이

정답 및 해설 **p.230**

– Этот великий учёный ____1____ новую
замечательную теорию.

(А) основал
(Б) создал
(В) открыл

– В этом месяце ____2____ новый магазин.

(А) основали
(Б) создали
(В) открыли

– Опытный врач ____3____ в этом кабинете.

(А) осматривает
(Б) рассматривает

| | |
|---|---|
| – Члены жюри _____ 4 _____ работы художников. | (А) осматривают<br>(Б) рассматривают |

| | |
|---|---|
| – _____ 1 _____ в родной город, Максим обещал часто писать нам. | (А) Уезжая<br>(Б) Уехав |
| – _____ 2 _____ на вопросы учителя, ученики очень волновались. | (А) Отвечая<br>(Б) Ответив |
| – 3 Работая, Петя привык слушать музыку. | (А) Когда Петя поработает,<br>(Б) Когда Петя работает, |
| – 4 Возвращаясь с занятий, дети увидели большое дерево. | (А) Когда дети возвращались с занятий,<br>(Б) Когда дети вернулись с занятий, |
| – Занимаясь _____ 5 _____ , я не боюсь рисковать. | (А) бизнес<br>(Б) бизнесу<br>(В) бизнесом<br>(Г) бизнеса |
| – Прощась _____ 6 _____ , я всегда плачу. | (А) родители<br>(Б) к родителям<br>(В) о родителях<br>(Г) с родителями |
| – Отец продолжал работать, _____ 7 _____ . | (А) хорошо отдохнув<br>(Б) хорошо отдыхая |
| – _____ 8 _____ письмо, я пошёл на почту. | (А) Пиша<br>(Б) Написав |
| – 9 Я вернусь домой и сразу лягу спать. | (А) Возвращаясь,<br>(Б) Вернувшись, |

| | |
|---|---|
| – **10** После того, как отец прочитал газету, он начал переводить её на русский. | (А) **Читая газету**<br>(Б) **Прочитав газету** |
| – Улыбнувшись _____ **11** _____, учитель спросил: «Как у вас дела?» | (А) дети<br>(Б) детей<br>(В) детям<br>(Г) детьми |
| – Открыв _____ **12** _____, мама почти каждый день работает. | (А) свой собственный ресторан<br>(Б) в своём собственном ресторане<br>(В) о своём собственном ресторане<br>(Г) своего собственного ресторана |

## STEP 05 ─ 요점 정리 및 필수 표현 정리

💬 의미상의 차이 주의

> – осматривать – осмотреть + 대격: 둘러보다, 진찰하다
> – рассматривать – рассмотреть + 대격: 검토하다, 심사하다

💬 부동사의 역할 및 의미 주의

> – 시간 접속사 (когда, и, пока ...) 대신 활용
> – НСВ 부동사: ~하면서, ~하던 중에 / СВ 부동사: ~하고 나서

💬 부동사의 특징 주의

> – 시제와는 상관 없음
> – 부사의 의미 + 동사의 성질

# 25 동사 ⑪ 형동사 ①

어휘 영역     문법 영역

## ✎ 오늘의 학습 목표

☑ 어휘 학습 및 문제 풀이: 동사 ⑪

☑ 문법 개념 설명 및 문제 풀이: 형동사 ①

☑ 요점 정리 및 필수 표현 정리

---

**STEP 01** — 어휘 학습

| | |
|---|---|
| давать | (동) 주다 |
| сдавать | (동) 시험 보다 / 제출하다 |
| преподавать | (동) 가르치다 |
| 나는 남동생에게 재미있는 책을 줬습니다. | Я дал младшему брату интересную книгу. |
| 우리는 매달 시험을 봐야 합니다. | Мы должны сдавать экзамены каждый месяц. |
| 선생님은 역사를 가르칩니다. | Учитель преподаёт историю. |
| задавать | (동) (과제, 질문) 부여하다 |
| передавать | (동) 전하다 |
| отдавать | (동) 내어주다, 건네주다 |
| 어린아이들은 질문을 많이 합니다. | Маленькие дети задают много вопросов. |
| 내 안부를 부모님께 전해 주세요. | Передайте родителям мой привет! |
| 나는 너에게 내 여권을 내어주지 않을 거야. | Я не отдам тебе мой паспорт. |

STEP 02 ── **문법 개념 설명**

💬 형동사

> – 형용사의 역할 + 동사의 성질을 가지고 있는 형태
> – 기본적으로 '선행사'를 수식하는 역할
> – 관계 대명사 который 대신 활용

| 능동 형동사 | 피동 형동사 |
|---|---|
| 선행사가 주인공<br>'~하고 있는'<br>который가 반드시 주격<br>형동사 + 목적어 가능 | 선행사가 주인공이 아님<br>'~되어지는'<br>который가 반드시 대격<br>형동사 + 목적어 불가능<br>사람이 조격(의미상 주어) |

💬 1. 능동 형동사 현재 (НСВ)

> – который + НСВ 현재 시제 대신 활용

| 능동 형동사 현재 (~하고 있는) |
|---|
| -ущий / -ющий, -ащий / -ящий(ся)<br>(동사 они 현재형 기준으로 변화) |

| работать | работаю<u>щий</u> |
|---|---|
| спешить | спеш<u>ащий</u> |
| заниматься | занима<u>ющийся</u> |
| учиться | уч<u>ащийся</u> |

**Это новый студент, <u>который</u> <u>знает</u> русский язык.**

→ Это новый студент, <u>знающий</u> русский язык.

**Я встретила друга, <u>который</u> <u>занимается</u> бизнесом.**

→ Я встретила друга, <u>занимающегося</u> бизнесом.

💬 1-1. 능동 형동사 (현재) 주의 사항

| | − 형동사는 수식하는 선행사의 형태에 따라 전부 변화 |
|---|---|

| 주격 | Это студент, знающий русский язык. |
|---|---|
| 생격 | У студента, знающего русский язык, нет урока. |
| 여격 | Я дал словарь студенту, знающему русский язык. |
| 대격 | Я знаю студента, знающего русский язык. |
| 조격 | Я познакомился со студентом, знающим русский язык. |
| 전치격 | Я думаю о студенте, знающем русский язык. |

💬 2. 능동 형동사 (과거) (НСВ / СВ)

| − который + НСВ / СВ 과거 시제 대신 활용 |
|---|

| 능동 형동사 과거 (~했던) |
|---|
| −вший / −ший(ся) |
| (동사 он 과거형 기준으로 변화) |

| работать | работавший |
|---|---|
| учиться | учившийся |
| помочь | помогший |
| идти | шедший (불규칙) |

| Это новый студент, который приехал из России. |
|---|
| → Это новый студент, приехавший из России. |
| Я встретила друга, который помог мне решить задачу. |
| → Я встретила друга, помогшего мне решить задачу. |

💬 2-1. 능동 형동사 (과거) 주의 사항

> – 형동사는 수식하는 선행사의 형태에 따라 전부 변화

| 주격 | Это <u>человек</u>, <u>купивший</u> мне словарь. |
|---|---|
| 생격 | У <u>студента</u>, <u>купившего</u> мне словарь, много друзей. |
| 여격 | Я часто даю советы <u>студенту</u>, <u>купившему</u> мне словарь. |
| 대격 | Я вижу <u>студента</u>, <u>купившего</u> мне словарь. |
| 조격 | Я ходил в клуб со <u>студентом</u>, <u>купившим</u> мне словарь. |
| 전치격 | Я думаю о <u>студенте</u>, <u>купившем</u> мне словарь. |

## STEP 03 ─ 어휘 문제 풀이　　　　정답 및 해설 p.231

| | |
|---|---|
| – Мама всегда _____1_____ мне полезные советы. | (А) даёт <br> (Б) сдаёт <br> (В) преподаёт |
| – Надо _____2_____ книги в библиотеку на этой неделе. | (А) дать <br> (Б) сдать <br> (В) преподавать |
| – _____3_____ языки – очень трудно. | (А) Давать <br> (Б) Сдавать <br> (В) Преподавать |
| – Я иногда _____4_____ странные вопросы друзьям. | (А) задаю <br> (Б) передаю <br> (В) отдаю |
| – Соня, _____5_____ мне, пожалуйста, перец. | (А) задай <br> (Б) передай <br> (В) отдай |
| – _____6_____ добрую собаку в хорошие руки. | (А) Задам <br> (Б) Передам <br> (В) Отдам |

| | |
|---|---|
| – Друзья, _____1_____ на стадионе, очень любят играть в футбол. | (А) бегающие<br>(Б) бегающих<br>(В) бегающим<br>(Г) бегающими |
| – Я хочу познакомиться со студентами, _____2_____ учиться в наш университет каждый год. | (А) приезжающий<br>(Б) приезжающих<br>(В) приезжающим<br>(Г) приезжающими |
| – Вчера я ходил к Пете, _____3_____ в общежитии. | (А) живущий<br>(Б) живущего<br>(В) живущему<br>(Г) живущем |
| – Девочка, _____4_____ историю, много узнала о Петре Первом. | (А) изучающая<br>(Б) изучаемая |
| – Я познакомился с мальчиком, часто _____5_____ в баскетбол. | (А) играющим<br>(Б) играемым |
| – Учитель показал интересный фильм ученикам, 6 которые хорошо знают историю. | (А) хорошо знавшим историю<br>(Б) хорошо знающим историю |
| – Родители, _____7_____ из отпуска поздно, очень устали. | (А) приехавшие<br>(Б) приехавших<br>(В) приехавшим<br>(Г) приехавшими |
| – Я хочу познакомиться с девушкой, _____8_____ на прошлом вечере. | (А) выступившая<br>(Б) выступившей<br>(В) выступившую<br>(Г) с выступившей |
| – Я позвонила другу, _____9_____ хорошо водить машину. | (А) научившийся<br>(Б) научившегося<br>(В) научившемуся<br>(Г) научившемся |

| – Я не знаком с учёным, _____10_____ меня на конференцию. | (А) пригласившими<br>(Б) приглашёнными |
| – Я познакомился с мальчиком, _____11_____ Марину в детстве. | (А) любящим<br>(Б) любившим |
| – Я помогал решить задачи подруге,<br>**12** которая плохо знала математику. | (А) плохо знающей математику<br>(Б) плохо знавшей математику |

**STEP 05** 요점 정리 및 필수 표현 정리

💬 давать – дать 어근을 가진 동사 현재 변화형 주의

|  | давать | дать |
|:---:|:---:|:---:|
| я | даю | дам |
| ты | даёшь | дашь |
| он | даёт | даст |
| мы | даём | дадим |
| вы | даёте | дадите |
| они | дают | дадут |

💬 형동사의 역할 기억하기

- 선행사 수식
- 형용사의 역할 + 동사의 성질

💬 능동 형동사의 활용 주의

- 항상 선행사가 주체가 되어 '~하고 있는'이라는 의미로 활용

어휘 영역      문법 영역

# 26 동사 ⑫    형동사 ②

## ✎ 오늘의 학습 목표

☑ 어휘 학습 및 문제 풀이: 동사 ⑫

☑ 문법 개념 설명 및 문제 풀이: 형동사 ②

☑ 요점 정리 및 필수 표현 정리

---

**STEP 01** ── 어휘 학습

| | |
|---|---|
| посылать | (동) 보내다, 파견하다 |
| присылать | (동) 보내주다 |
| отправлять | (동) 보내다 |
| 나는 할머니, 할아버지께 엽서를 부쳤습니다. | Я послал бабушке и дедушке открытку. |
| 엄마가 나에게 따뜻한 겨울 옷을 보내주셨습니다. | Мама прислала мне тёплые зимние вещи. |
| 나는 학교 친구들에게 선물을 보냈습니다. | Я отправила школьным друзьям подарки. |

| | |
|---|---|
| готовить | (동) 준비하다, 요리하다 |
| готовиться | (동) 준비하다, 대비하다 |
| зарабатывать | (동) 돈을 벌다 |
| 엄마는 항상 맛있는 요리를 준비하십니다. | Мама всегда готовит вкусные блюда. |
| 나는 졸업 시험 준비를 하고 있습니다. | Я готовлюсь к выпускному экзамену. |
| 나는 집을 사기 위해 돈을 법니다. | Я зарабатываю деньги, чтобы купить квартиру. |

## STEP 02 — 문법 개념 설명

💬 형동사

- 형용사의 역할 + 동사의 성질을 가지고 있는 형태
- 기본적으로 '선행사'를 수식하는 역할
- 관계 대명사 который 대신 활용

| 능동 형동사 | 피동 형동사 |
|---|---|
| 선행사가 주인공<br>'~하고 있는'<br>который가 반드시 주격<br>형동사 + 목적어 가능 | 선행사가 주인공이 아님<br>'~되어지는'<br>который가 반드시 대격<br>형동사 + 목적어 불가능<br>사람이 조격(의미상 주어) |

💬 1. 피동 형동사 현재 (НСВ)

- который 대격 위치 (которого, которую ...) + НСВ 현재 시제 대신 활용

| 피동 형동사 현재 (~되어지는) |
|---|
| -емый / -имый<br>(동사 мы 현재형 기준으로 변화) |

| уважать | уважа<u>емый</u> |
|---|---|
| покупать | покупа<u>емый</u> |
| любить | люб<u>имый</u> |
| дарить | дар<u>имый</u> |

**Это новая студентка, <u>которую</u> любят все.**

→ Это новая студентка, <u>любимая</u> всеми.

**Я встретила врача, <u>которого</u> уважают в нашем городе.**

→ Я встретила врача, <u>уважаемого</u> в нашем городе.

💬 1-1. 피동 형동사 (현재) 주의 사항

| | – 형동사는 수식하는 선행사의 형태에 따라 전부 변화 |

| 주격 | Это студент, любимый всеми учителями. |
| 생격 | У студента, любимого всеми учителями, нет урока. |
| 여격 | Я дал словарь студенту, любимому всеми учителями. |
| 대격 | Я знаю студента, любимого всеми студентами. |
| 조격 | Я познакомился со студентом, любимым всеми студентами. |
| 전치격 | Я думаю о студенте, любимом всеми студентами. |

– '수동'의 의미: 의미상 주어인 사람을 '조격'으로 표현

**Это новая студентка, которую любят все.**

→ Это новая студентка, любимая всеми.

– 주어가 불특정 다수일 때는 의미상 주어를 표기할 필요 없음

**Я встретила врача, которого уважают в нашем городе.**

→ Я встретила врача, уважаемого в нашем городе.

💬 2. 피동 형동사 (과거) (СВ)

| 피동 형동사 과거 (~되어졌던) |
| -нный / -енный / -ённый / -тый |
| (동사 과거형(원형) 기준으로 변화) |

| написать | написанный |
| купить | купленный |
| пригласить | приглашённый |
| закрыть | закрытый |

| | Это новая студентка, <u>которую</u> <u>я</u> <u>пригласил</u> на вечер. |

→ Это новая студентка, <u>приглашённая</u> <u>мной</u> на вечер.

| | Я купил хлеб в магазине, <u>который</u> <u>закрыли</u> в 9 часов. |

→ Я купил хлеб в магазине, <u>закрытом</u> в 9 часов.

💬 2-1. 피동 형동사 (과거) 주의 사항

| – 형동사는 수식하는 선행사의 형태에 따라 전부 변화 |

| 주격 | Это <u>книга</u>, <u>прочитанная</u> моей сестрой. |
| --- | --- |
| 생격 | У меня нет <u>книги</u>, <u>прочитанной</u> моей сестрой. |
| 여격 | У меня появился интерес к <u>книге</u>, <u>прочитанной</u> моей сестрой. |
| 대격 | Я знаю <u>книгу</u>, <u>прочитанную</u> моей сестрой. |
| 조격 | Я не знаком с <u>книгой</u>, <u>прочитанной</u> моей сестрой. |
| 전치격 | Я слышал о <u>книге</u>, <u>прочитанной</u> моей сестрой. |

– '수동'의 의미: 의미상 주어인 사람을 '조격'으로 표현

| | Это новая студентка, <u>которую</u> <u>я</u> пригласил на вечер. |

→ Это новая студентка, приглашённая <u>мной</u> на вечер.

– 주어가 불특정 다수일 때는 의미상 주어를 표기할 필요 없음

| | Я купил хлеб в магазине, который <u>закрыли</u> в 9 часов. |

→ Я купил хлеб в магазине, <u>закрытом</u> в 9 часов.

💬 3. 피동 형동사 과거 단어미형

| – 단어미형은 '술어'로 활용<br>– '되어졌다'라는 의미 |

| 피동 형동사 과거 장어미형<br>(선행사 수식) | 피동 형동사 과거 단어미형<br>(술어) |
|---|---|
| написанный | написан |
| написанная | написана |
| написанное | написано |
| написанные | написаны |

💬 4. 피동 형동사 장어미형 & 단어미형 구분

▷ 장어미형: '선행사 수식'의 역할

Я пока не видела машину, купленную вчера отцом.

▷ 단어미형: '술어'의 역할

Эта машина куплена отцом.

## STEP 03 — 어휘 문제 풀이

정답 및 해설 p.232

| | |
|---|---|
| – На почте можно _____1_____ письма. | (А) послать<br>(Б) прислать<br>(В) отправить |
| – Мои друзья _____2_____ мне незабываемый подарок. | (А) послали<br>(Б) прислали<br>(В) отправили |
| – Наш университет _____3_____ хороших специалистов. | (А) готовит<br>(Б) готовится<br>(В) зарабатывает |
| – Я хорошо _____4_____ к экзаменам, и обязательно всё сдам. | (А) готовил<br>(Б) подготовился<br>(В) зарабатывал |

| | |
|---|---|
| – Аня хочет много _____ 5 _____ после окончания школы. | (А) готовить<br>(Б) готовиться<br>(В) зарабатывать |

## STEP 04 — 문법 문제 풀이

| | |
|---|---|
| – Вот маленькая девочка, _____ 1 _____ всеми друзьями. | (А) любимая<br>(Б) любимую<br>(В) любимой<br>(Г) о любимой |
| – Я разговариваю с профессором, _____ 2 _____ во всём мире. | (А) уважаемый<br>(Б) уважаемого<br>(В) уважаемому<br>(Г) уважаемым |
| – Из предметов, _____ 3 _____ в университете, я больше всего люблю химию. | (А) изучаемых<br>(Б) изучающих |
| – Это очень красивые цветы, **4** которые часто покупают на день рождения. | (А) часто покупающие на день рождения<br>(Б) часто покупаемые на день рождения |
| – Я нашла кошелёк, _____ 5 _____ в автобусе. | (А) забытый<br>(Б) забытого<br>(В) забытому<br>(Г) забытом |
| – Мой друг рассказал мне о фильме, _____ 6 _____ известным режиссёром. | (А) снятый<br>(Б) снятого<br>(В) снятом<br>(Г) снятым |
| – Я прочитал текст, _____ 7 _____ на русский язык. | (А) переведший<br>(Б) переведённый |

| | |
|---|---|
| – Миша спросил о студентах, **8** <u>которых пригласили</u> <u>на вечер.</u> | (А) приглашаемых на вечер<br>(Б) приглашённых на вечер |
| – Посмотрите на это красивое здание, <br>       **9**       в XVII веке. | (А) построено<br>(Б) построенное |
| – Эти стихи были       **10**       Максимом. | (А) написанные<br>(Б) написаны |

## STEP 05 요점 정리 및 필수 표현 정리

💬 비슷한 동사의 차이점 주의

> – **готовить – приготовить + 대격**: (결과물)을 준비하다, 요리하다, 양성하다
> – **готовиться – подготовиться + к 여격**: (~에) 대비하다, 대책을 준비하다

💬 피동 형동사는 '수동'의 의미를 가진 형용사 역할

> – 피동 형동사는 목적어와 절대 함께 쓸 수 없음
> – 의미상 주어인 사람은 '조격'으로 활용

💬 피동 형동사 장어미와 단어미 활용 구분

> – 피동 형동사 장어미: 선행사 수식
> – 피동 형동사 단어미: 술어

# 실전 모의고사

STEP 01 — 어휘 · 문법 영역 – 응시 안내문

## ЛЕКСИКА. ГРАММАТИКА

### Инструкция к выполнению теста

- Время выполнения теста — 60 минут. Тест включает 165 позиций.
- При выполнении теста пользоваться словарём нельзя.
- Вы получили тест и матрицу. Напишите ваше имя и фамилию на каждом листе матрицы.
- В тесте слева даны предложения (1, 2 и т.д.), а справа — варианты выбора.
- Выберите правильный вариант и отметьте соответствующую букву на матрице.

Например:

(Б — правильный вариант).

Если Вы ошиблись и хотите исправить ошибку, сделайте так:

(В — ошибка, Б — правильный вариант).

Отмечайте правильный выбор только на матрице, в тесте ничего не пишите (проверяется только матрица).

Часть 1. Лексика

Задания 1–25. Выберите правильный вариант ответа.

| | |
|---|---|
| – Московская консерватория носит \_\_\_\_\_1\_\_\_\_ П. И. Чайковского. | (А) имя<br>(Б) название<br>(В) фамилия |
| – Сохранить старинные дворцы и соборы Москвы – \_\_\_\_\_2\_\_\_\_ . | (А) трудное задание<br>(Б) трудная задача<br>(В) трудное занятие |
| – Столы и кресла можно купить в магазине \_\_\_\_\_3\_\_\_\_ . | (А) «одежда»<br>(Б) «мебель»<br>(В) «посуда» |
| – Мой младший сын учится в гимназии в девятом \_\_\_\_\_4\_\_\_\_ . | (А) курсе<br>(Б) факультете<br>(В) классе |
| – В этом музее можно увидеть много \_\_\_\_\_5\_\_\_\_ искусства. | (А) произведений<br>(Б) живописи<br>(В) художников |
| – Детский врач принимает маленьких пациентов в \_\_\_\_\_6\_\_\_\_ . | (А) комнате<br>(Б) аудитории<br>(В) кабинете |
| – На уроке ученики задают учителям много \_\_\_\_\_7\_\_\_\_ . | (А) вопросов<br>(Б) объяснений<br>(В) ответов |
| – Твой \_\_\_\_\_8\_\_\_\_ брат уже учится в школе? | (А) молодой<br>(Б) старый<br>(В) младший |
| – \_\_\_\_\_9\_\_\_\_ человек, скажите, пожалуйста, где здесь аптека? | (А) Молодой<br>(Б) Старший<br>(В) Младший |

| | |
|---|---|
| – Эти овощи очень \_\_\_\_\_ 10 \_\_\_\_\_ для здоровья. | (А) свежие<br>(Б) полезные<br>(В) вкусные |
| – Осторожно! Этот суп очень \_\_\_\_\_ 11 \_\_\_\_\_. | (А) жаркий<br>(Б) вкусный<br>(В) горячий |
| – Вадим – \_\_\_\_\_ 12 \_\_\_\_\_ в своём городе врач. | (А) уважаемый<br>(Б) молодой<br>(В) добрый |
| – Не надо стирать брюки. Они пока \_\_\_\_\_ 13 \_\_\_\_\_. | (А) чистые<br>(Б) грязные<br>(В) сильные |
| – Мне жалко этого \_\_\_\_\_ 14 \_\_\_\_\_ ребёнка, поэтому постоянно хочется ему помогать. | (А) богатого<br>(Б) бедного<br>(В) довольного |
| – Мой брат любит \_\_\_\_\_ 15 \_\_\_\_\_ на лыжах. | (А) ходить<br>(Б) ездить<br>(В) кататься |
| – Эту проблему надо тщательно \_\_\_\_\_ 16 \_\_\_\_\_. | (А) учиться<br>(Б) изучить<br>(В) заниматься |
| – Мы с Катей часто \_\_\_\_\_ 17 \_\_\_\_\_ в университетской библиотеке. | (А) занимаемся<br>(Б) учимся<br>(В) учим |
| – Саша давно знал мой секрет, но никому не \_\_\_\_\_ 18 \_\_\_\_\_. | (А) объяснял<br>(Б) разговаривал<br>(В) рассказывал |
| – Этот студент успешно \_\_\_\_\_ 19 \_\_\_\_\_ со своим докладом на конференции. | (А) поступил<br>(Б) наступил<br>(В) выступил |

| | |
|---|---|
| – Мне надо вернуться, я ___20___ дома ключ от машины. | (А) осталась<br>(Б) оставила<br>(В) остановила |
| – Учитель хочет ___21___ нас с российской историей. | (А) познакомить<br>(Б) познакомиться<br>(В) дружить |
| – Коля не ___22___ ответить на твой вопрос. Он очень занят. | (А) может<br>(Б) умеет<br>(В) знает |
| – Я ___23___ на себя в зеркало. | (А) смотрю<br>(Б) вижу |
| – Раньше этот университет ___24___ по-другому. | (А) назвал<br>(Б) позвал<br>(В) назывался |
| – Я ___25___ Женю рассказать мне обо всём. | (А) спросил<br>(Б) попросил |

Часть 2. Грамматика (Падежи)
Задания 26–79. Выберите правильный вариант ответа.

| | |
|---|---|
| – Расскажите, пожалуйста, ___26___, который вы посмотрели вчера. | (А) фильм<br>(Б) о фильме<br>(В) с фильмом<br>(Г) в фильме |
| – Мы все поздравили ___27___ с днём рождения. | (А) своему учителю<br>(Б) свой учитель<br>(В) со своим учителем<br>(Г) своего учителя |
| – Обычно мама кладёт деньги ___28___. | (А) на столике<br>(Б) в столике<br>(В) на столик<br>(Г) из столика |

| | |
|---|---|
| – Костя, завтра мы встретимся около _____29_____ ! Хорошо? | (A) большого стадиона<br>(Б) большой стадион<br>(В) большому стадиону<br>(Г) большим стадионом |
| – После ужасной жары дети радовались _____30_____ . | (A) прохладная осень<br>(Б) о прохладной осени<br>(В) прохладной осени<br>(Г) к прохладной осени |
| – У детей нет _____31_____ . | (A) хорошие игрушки<br>(Б) хороших игрушек<br>(В) для хороших игрушек<br>(Г) хорошим игрушкам |
| – Мой сын усердно готовится _____32_____ . | (A) экзамены<br>(Б) к экзаменам<br>(В) об экзаменах<br>(Г) с экзаменами |
| – У нашей подруги очень _____33_____ . | (A) красивая кошка<br>(Б) красивой кошки<br>(В) красивой кошке<br>(Г) красивой кошкой |
| – Завтра я пойду _____34_____ в гости. | (A) другу<br>(Б) у друга<br>(В) к другу<br>(Г) с другом |
| – Сергей вместе _____35_____ вернулся на родину, чтобы сыграть свадьбу. | (A) свою девушку<br>(Б) со своей девушкой<br>(В) о своей девушке<br>(Г) для своей девушки |
| –Журналист задавал вопросы _____36_____ . | (A) спортсмена<br>(Б) спортсмен<br>(В) спортсмену<br>(Г) со спортсменом |

| | |
|---|---|
| – Мама нарезала овощи ____ 37 ____ . | (А) острый нож<br>(Б) с острым ножом<br>(В) острым ножом<br>(Г) острому ножу |
| – Ты очень похожа ____ 38 ____ . | (А) со старшей сестрой<br>(Б) на старшую сестру<br>(В) о старшей сестре<br>(Г) в старшую сестру |
| – Наши студенты участвовали ____ 39 ____ . | (А) в международной конференции<br>(Б) на международной конференции<br>(В) в международную конференцию<br>(Г) на международную конференцию |
| – Эти китайские блюда очень понравились ____ 40 ____ . | (А) мой отец<br>(Б) моим отцом<br>(В) моему отцу<br>(Г) к моему отцу |
| – Ира мечтает ____ 41 ____ . | (А) красивые цветы<br>(Б) о красивых цветах<br>(В) красивым цветам<br>(Г) красивых цветов |
| – Володя давно интересуется ____ 42 ____ . | (А) природе<br>(Б) о природе<br>(В) к природе<br>(Г) природой |

| | |
|---|---|
| – Мой близкий друг пока не привык _____43_____ . | (А) русскому холодному климату<br>(Б) к русскому холодному климату<br>(В) русского холодного климата<br>(Г) русский холодный климат |
| – У нас в группе произошло _____44_____ . | (А) важному событию<br>(Б) важное событие<br>(В) важным событием<br>(Г) о важном событии |
| – Я хочу поблагодарить тебя_____45_____ . | (А) за подарок<br>(Б) для подарки<br>(В) с подарком<br>(Г) о подарке |
| – В этом городе никогда не было _____46_____ . | (А) современный кинотеатр<br>(Б) современного кинотеатра<br>(В) современным кинотеатром<br>(Г) в современном кинотеатре |
| – Сегодня вечером _____47_____ будут гости. | (А) нас<br>(Б) к нам<br>(В) мы<br>(Г) у нас |
| – Учитель пригласил _____48_____ на интересную выставку. | (А) свои ученики<br>(Б) своих учеников<br>(В) своим ученикам<br>(Г) со своими учениками |

| | |
|---|---|
| – Я хорошо подготовилась _____ 49 _____ . | (А) экзамены<br>(Б) на экзамены<br>(В) к экзаменам<br>(Г) экзаменам |
| – Надо купить несколько _____ 50 _____ . | (А) карандаши<br>(Б) карандашами<br>(В) карандашей<br>(Г) карандашам |
| – 2 _____ 51 _____ работает в этом кабинете. | (А) молодого врача<br>(Б) молодых врача<br>(В) молодых врачей<br>(Г) молодые врачи |
| – Мы будем жить в Америке 6 _____ 52 _____ . | (А) месяц<br>(Б) месяца<br>(В) месяцев<br>(Г) месяцы |
| – В этой библиотеке очень много<br>_____ 53 _____ на всех языках мира. | (А) интересные журналы<br>(Б) интересного журнала<br>(В) интересных журналов<br>(Г) интересным журналом |
| – В тексте было 4 _____ 54 _____ . | (А) новые слова<br>(Б) нового слова<br>(В) новых слов<br>(Г) новых слова |
| – Я спросил _____ 55 _____ , как её зовут. | (А) незнакомой девушке<br>(Б) незнакомая девушка<br>(В) незнакомой девушкой<br>(Г) незнакомую девушку |
| – Я послала открытку родителям _____ 56 _____ . | (А) по почте<br>(Б) к почте<br>(В) с почтой<br>(Г) почту |

| | |
|---|---|
| – _____57_____ скоро исполнится 200 лет. | (А) Этот университет<br>(Б) В этом университете<br>(В) Этому университету<br>(Г) Этого университета |
| – Я старше _____58_____ на 4 года. | (А) двоюродный брат<br>(Б) двоюродному брату<br>(В) двоюродного брата<br>(Г) с двоюродным братом |
| – Я весь вечер спорил _____59_____ об этом фильме. | (А) подругу<br>(Б) подруге<br>(В) о подруге<br>(Г) с подругой |
| – Мы увлекаемся _____60_____ . | (А) классическую музыку<br>(Б) к классической музыке<br>(В) классической музыкой<br>(Г) в классической музыке |
| – Журналист пишет статью _____61_____ . | (А) политику<br>(Б) политики<br>(В) в политике<br>(Г) о политике |
| – _____62_____ не было вчера на уроке? | (А) Какие студенты<br>(Б) Каких студентов<br>(В) Каким студентам<br>(Г) С какими студентами |
| – Я не поняла, почему ты отказался _____63_____ . | (А) мою помощь<br>(Б) за мою помощь<br>(В) на мою помощь<br>(Г) от моей помощи |
| – Оля, _____64_____ придётся больше работать. | (А) ты<br>(Б) тебе<br>(В) тебя<br>(Г) с тобой |

| | |
|---|---|
| – Вчера _____ 65 _____ предложили работу в известной компании. | (А) моего друга<br>(Б) моему другу<br>(В) с моим другом<br>(Г) к моему другу |
| – Этот специалист _____ 66 _____ живёт в Америке. | (А) по мировой литературе<br>(Б) о мировой литературе<br>(В) мировой литературы<br>(Г) в мировой литературе |
| – Эта страна богата _____ 67 _____ . | (А) талантливые люди<br>(Б) талантливым людям<br>(В) талантливыми людьми<br>(Г) с талантливыми людьми |
| – Я очень занят _____ 68 _____ истории. | (А) изучение<br>(Б) изучением<br>(В) изучению<br>(Г) об изучении |
| – Мы познакомились _____ 69 _____ . | (А) прошлый год<br>(Б) на прошлом году<br>(В) в прошлом году<br>(Г) в прошлый год |
| – Я буду сдавать тесты _____ 70 _____ . | (А) следующую неделю<br>(Б) на следующей неделе<br>(В) на следующую неделю<br>(Г) в следующую неделю |
| – Занятие по русской литературе будет _____ 71 _____ . | (А) этот понедельник<br>(Б) в этот понедельник<br>(В) на этот понедельник<br>(Г) в этом понедельнике |
| – Мама убрала квартиру _____ 72 _____ . | (А) 3 часа<br>(Б) за 3 часа<br>(В) на 3 часа |

| | |
|---|---|
| – Я взяла в библиотеке книги _____73_____ . | (А) неделю<br>(Б) за неделю<br>(В) на неделю |
| – Я поеду в Москву _____74_____ . | (А) следующая осень<br>(Б) в следующей осени<br>(В) следующей осенью |
| – Этот музей открылся _____75_____ . | (А) 25-ое декабря<br>(Б) на 25-ое декабря<br>(В) 25-ого декабря |
| – Сегодня _____76_____ . | (А) 25-ое декабря<br>(Б) на 25-ое декабря<br>(В) 25-ого декабря |
| – Какая погода ожидается _____77_____ ? | (А) в воскресенье<br>(Б) на воскресенье<br>(В) до воскресенья |
| – Московский университет был основан _____78_____ . | (А) 1755-ый год<br>(Б) 1755-ого года<br>(В) в 1755-ом году |
| – Вера, когда у тебя день рождения?<br>– Мой день рождения _____79_____ . | (А) 13-ое апреля<br>(Б) на 13-ое апреля<br>(В) 13-ого апреля |

Часть 3. Грамматика (Глаголы)

Задания 80–130. Выберите правильный вариант ответа.

| | |
|---|---|
| – Посмотри этот новый фильм!<br>  Тебе обязательно _____80_____ . | (А) нравится<br>(Б) понравится<br>(В) нравился<br>(Г) понравился |
| – Мой папа вообще редко _____81_____ телевизор. | (А) смотреть<br>(Б) смотрит<br>(В) посмотреть<br>(Г) посмотрел |

| | |
|---|---|
| – Сегодня я поздно встал и не успел _____82_____ . | (А) завтракала<br>(Б) позавтракала<br>(В) завтракать<br>(Г) позавтракать |
| – Бабушка _____83_____ это лекарство 3 раза в день. | (А) пила<br>(Б) выпила<br>(В) попила<br>(Г) пить |
| – Вот, _____84_____ вашу покупку! | (А) возьмите<br>(Б) берите<br>(В) возьмёте<br>(Г) берёте |
| – Петя, не _____85_____ об этом маме и папе! | (А) говорите<br>(Б) скажите<br>(В) говори<br>(Г) скажи |
| – Я быстро _____86_____ и пойду к другу. | (А) завтракаю<br>(Б) позавтракаю<br>(В) завтракать<br>(Г) позавтракать |
| – Этот ученик _____87_____ свою дипломную работу 3 недели. | (А) писал<br>(Б) написал<br>(В) напишет<br>(Г) писать |
| – Помоги, пожалуйста, _____88_____ это предложение на русский. | (А) переведите<br>(Б) переводите<br>(В) перевести<br>(Г) переводить |
| – Ой, я совсем забыла _____89_____ подарок Алёне на день рождения. | (А) купила<br>(Б) купить<br>(В) покупала<br>(Г) покупать |

– Я не успел _____ 90 _____ лекарство.

(А) пить
(Б) выпить
(В) пил
(Г) выпил

– Туристы _____ 91 _____ весь день на эту экскурсию.

(А) тратить
(Б) потратить
(В) тратили
(Г) потратили

– Алёша, не надо _____ 92 _____ домой рано, я тоже поздно вернусь.

(А) вернулся
(Б) возвращался
(В) вернуться
(Г) возвращаться

– Раньше в этом магазине _____ 93 _____ свежую рыбу.

(А) продали
(Б) продавали
(В) продать
(Г) продавать

– Завтра я буду _____ 94 _____ новый французский фильм.

(А) смотреть
(Б) посмотреть
(В) смотрю
(Г) посмотрю

– Когда мой друг закончил _____ 95 _____ текст, я начал печатать его на компьютере.

(А) перевести
(Б) перевёл
(В) переводить
(Г) переводил

– Я обязательно _____ 96 _____ тебе приготовить торт для гостей.

(А) помог
(Б) помогу
(В) помогаю
(Г) буду помогать

– Вчера по телевизору _____ 97 _____ президент России Владимир Путин.

(А) выступал
(Б) выступает
(В) выступить
(Г) выступать

| Question | Options |
|---|---|
| – Вера обычно _____ 98 _____ в 7 часов утра. | (А) встанет<br>(Б) встаёт<br>(В) встала<br>(Г) вставать |
| – Мама всегда _____ 99 _____ мне деньги раз в месяц. | (А) пришлёт<br>(Б) прислала<br>(В) присылает<br>(Г) присылать |
| – Если Саша хочет, я _____ 100 _____ его к себе домой. | (А) пригласила<br>(Б) приглашает<br>(В) приглашала<br>(Г) приглашу |
| – Где ты _____ 101 _____ так хорошо водить машину? | (А) учишься<br>(Б) учился<br>(В) научишься<br>(Г) научился |
| – Прочитай этот роман, он тебе _____ 102 _____ . | (А) нравится<br>(Б) понравится |
| – Родителям никогда не _____ 103 _____ , что я делаю. | (А) нравится<br>(Б) понравится |
| – Мой брат _____ 104 _____ мне записку. | (А) оставил<br>(Б) оставлял |
| – Папа всегда _____ 105 _____ маме цветы, когда уезжал в командировку. | (А) оставил<br>(Б) оставлял |
| – 106 Сделав работу, отец пошёл гулять по парку. | (А) Когда отец сделал работу<br>(Б) Когда отец делал работу |
| – _____ 107 _____ все экзамены, мой друг уехал в родной город. | (А) Сдавая<br>(Б) Сдав |
| – Отец получил письмо, _____ 108 _____ сыном. | (А) написавшее<br>(Б) написанное |

| | |
|---|---|
| – Я увидел профессора, _____ 109 _____ в нашем университете. | (А) работающий<br>(Б) работающего<br>(В) работающему |
| – Костя, ты _____ 110 _____ в кино со мной? | (А) идёшь<br>(Б) ходишь |
| – Ты _____ 111 _____ в спортзал каждый день? | (А) идёшь<br>(Б) ходишь |
| – В сентябре родители _____ 112 _____ в Японию. | (А) ехали<br>(Б) ездили |
| – Когда родители _____ 113 _____ в Японию, в Токио они познакомились с этим учёным. | (А) ехали<br>(Б) ездили |
| – Ребёнок очень устал, поэтому папа _____ 114 _____ его домой на руках. | (А) несёт<br>(Б) носит |
| – Я знаю, что мама всегда _____ 115 _____ с собой паспорт. | (А) несёт<br>(Б) носит |
| – Туристы долго _____ 116 _____ к берегу, и потом вышли из теплохода. | (А) плыли<br>(Б) плавали |
| – Дети _____ 117 _____ , а родители сидели и читали стихи. | (А) плыли<br>(Б) плавали |
| – Куда вам нужно _____ 118 _____ завтра? | (А) лететь<br>(Б) летать |
| – Мой сын очень любит _____ 119 _____ на самолёте. | (А) лететь<br>(Б) летать |
| – Ребята, _____ 120 _____ свою фотографию на следующий урок! | (А) принесите<br>(Б) приносите |
| – Тебе одному нельзя _____ 121 _____ на балкон. Это очень опасно. | (А) выходить<br>(Б) выйти |
| – Пётр решил по дороге с работы _____ 122 _____ в кассу и купить билеты на балет. | (А) уйти<br>(Б) пойти<br>(В) зайти<br>(Г) обойти |

| | |
|---|---|
| – На следующей неделе мы с друзьями _____123_____ в Среднюю Азию. | (А) поедем<br>(Б) доедем<br>(В) въедем<br>(Г) приедем |
| – Юрий только что _____124_____ дорогу. | (А) перешёл<br>(Б) дошёл<br>(В) зашёл<br>(Г) прошёл |
| – Мы провожаем друга, но из-за плохой погоды он пока не _____125_____ . | (А) улетел<br>(Б) долетел<br>(В) прилетел<br>(Г) подлетел |
| – Сегодня у меня нет никаких дел. Давай _____126_____ гулять! | (А) придём<br>(Б) уйдём<br>(В) пойдём<br>(Г) перейдём |
| – _____127_____ к нам в гости! Завтра у нас новоселье. | (А) Входите<br>(Б) Приходите<br>(В) Проходите<br>(Г) Обходите |
| – Вот, посмотри! Наш автобус быстро _____128_____ к остановке. | (А) подходит<br>(Б) отходит<br>(В) приходит<br>(Г) переходит |
| – Молодой человек, скажите, пожалуйста, как _____129_____ до станции метро! | (А) пойти<br>(Б) выйти<br>(В) дойти<br>(Г) прийти |
| – Раньше Марина жила в небольшой деревне, а недавно _____130_____ в центр города. | (А) переехала<br>(Б) поехала<br>(В) уехала<br>(Г) проехала |

Часть 4. Грамматика (Союзы)

Задания 131–165. Выберите правильный вариант ответа.

| | |
|---|---|
| – Я часто встречаюсь с друзьями, _____131_____ учатся на нашем факультете. | (А) которые<br>(Б) которых<br>(В) которым<br>(Г) которыми |
| – Это мои подруги, _____132_____ пригласила на мой день рождения. | (А) которые<br>(Б) которых<br>(В) которым<br>(Г) которыми |
| – Ты знаешь этого студента, с которым _____133_____ . | (А) Вадим дружит с детства<br>(Б) есть хороший словарь<br>(В) он купил машину<br>(Г) Маша часто думает |
| – Ты знаешь этого студента, у которого _____134_____ . | (А) Вадим дружит с детства<br>(Б) есть хороший словарь<br>(В) он купил машину<br>(Г) Маша часто думает |
| – Я не знала, _____135_____ ты приготовила торт. | (А) кому<br>(Б) кто<br>(В) о ком<br>(Г) к кому |
| – Максим хотел узнать, _____136_____ придёт на вечер. | (А) кому<br>(Б) кто<br>(В) о ком<br>(Г) к кому |
| – Маша спросила, _____137_____ мешает телевизор. | (А) кому<br>(Б) кто<br>(В) с кем<br>(Г) для кого |

| | |
|---|---|
| – Максим спросил Соню, _____ 138 _____ она так уверена. | (А) что<br>(Б) в чём<br>(В) о чём<br>(Г) чему |
| – Коля не знал, _____ 139 _____ мама давно мечтала. | (А) что<br>(Б) в чём<br>(В) о чём<br>(Г) чему |
| – Покажи, _____ 140 _____ книги ты хочешь читать. | (А) какие<br>(Б) какими<br>(В) каким<br>(Г) каких |
| – Сестра спросила меня, _____ 141 _____ певца любит наш дедушка. | (А) какого<br>(Б) какому<br>(В) о каком<br>(Г) с каким |
| – Этот город не маленький, _____ 142 _____ большой. | (А) и<br>(Б) а<br>(В) но |
| – Вчера было очень холодно, _____ 143 _____ мы никуда не ходили. | (А) и<br>(Б) а<br>(В) но |
| – Я знаю не только русский язык, _____ 144 _____ немецкий. | (А) но<br>(Б) или<br>(В) но и |
| – Ты идёшь в музей сегодня _____ 145 _____ завтра? | (А) но<br>(Б) или<br>(В) но и |
| – Мой брат сказал, _____ 146 _____ я обязательно послушал эту песню. | (А) что<br>(Б) чтобы |
| – В газетах написали, _____ 147 _____ в наш город приедет известный английский писатель. | (А) что<br>(Б) чтобы |

| | |
|---|---|
| – Жена сказала мужу, _____ 148 _____ на улице очень холодно и ему надо тепло одеться. | (А) что<br>(Б) чтобы |
| – Я купил интересную книгу, _____ 149 _____ подарить любимой девушке. | (А) что<br>(Б) чтобы |
| – Я не пошёл на дискотеку с друзьями, _____ 150 _____ у меня завтра экзамен. | (А) потому что<br>(Б) поэтому |
| – Я рассердилась на брата, _____ 151 _____ я не буду разговаривать с ним. | (А) потому что<br>(Б) поэтому |
| – Петя редко гуляет, _____ 152 _____ он больше любит смотреть телевизор. | (А) потому что<br>(Б) поэтому |
| – Коля не смог ответить на вопросы, _____ 153 _____ ему не удалось сдать экзамены. | (А) потому что<br>(Б) поэтому |
| – Я хочу узнать, _____ 154 _____ Света на мой день рождения. | (А) придёт ли<br>(Б) если придёт |
| – Я буду очень рада, _____ 155 _____ друг ко мне в гости. | (А) придёт ли<br>(Б) если придёт |
| – Я спросил друга, _____ 156 _____ он тебе дорогу. | (А) объяснил ли<br>(Б) если объяснил |
| – Ты обязательно должна знать грамматику, _____ 157 _____ . | (А) учили ли мы её<br>(Б) если мы учили её |
| – Я вижу магазин, _____ 158 _____ продают русские сувениры. | (А) где<br>(Б) как<br>(В) куда<br>(Г) когда |
| – Брат спросил, _____ 159 _____ идти на стадион? | (А) где<br>(Б) как<br>(В) куда<br>(Г) что |

| | |
|---|---|
| – Я часто спрашиваю маму, _____160_____ приготовить на обед. | (А) что<br>(Б) как<br>(В) куда<br>(Г) когда |
| – _____161_____ родители дали мне советы, я смог сделать хороший выбор. | (А) Потому что<br>(Б) Хотя<br>(В) Если бы<br>(Г) Благодаря тому, что |
| – Хотя Женя окончил музыкальную школу, _____162_____ . | (А) он работал в филармонии<br>(Б) он не стал музыкантом<br>(В) он успешно работал |
| – _____163_____ я пропустил урок, я не хорошо написал контрольную работу. | (А) Если<br>(Б) Хотя<br>(В) Из-за того, что<br>(Г) Благодаря тому, что |
| – _____164_____ ты не сказал мне заранее, я бы не знала эту новость. | (А) Потому что<br>(Б) Хотя<br>(В) Если бы<br>(Г) Благодаря тому, что |
| – Если бы я не обиделась на тебя, _____165_____ . | (А) я пойду с тобой в кино<br>(Б) я пошла бы с тобой в кино<br>(В) я пошла с тобой в кино |

# 토르플
# 1단계
## 어휘·문법 영역

# 정답 및 해설
## Ответы и Пояснения

## 어휘

1  (В) название
  – 러시아의 첫 번째 명칭은 루시입니다.

2  (А) имя
  – 모스크바 음악원은 차이코프스키의 이름을 차용하고 있습니다.

3  (Б) Фамилия
  – 이 유명한 시인의 성은 푸시킨입니다.

4  (В) задачи
  – 시험에서 학생들은 엄청 어려운 과제를 해결했습니다.

5  (А) задания
  – 아이들은 수업에서 문제를 풉니다.

6  (Б) упражнения
  – 마샤는 벌써 모든 연습 문제를 다 풀었습니다(썼습니다).

## 문법

1  (А) 소유 형용사 мой (주격 남성) + старший (형용사 주격 남성) + брат (명사 주격 남성)

2  (В) новый (형용사 주격 남성) + торговый (형용사 주격 남성) + центр (명사 주격 남성)

3  (Б) 최상급 самый (형용사 주격 남성) + известный (형용사 주격 남성) + музей (명사 주격 남성) + России (명사 생격 여성 / 수식)

4  (Г) новая (형용사 주격 여성) + аудитория (명사 주격 여성)

5  (Б) прекрасное (형용사 주격 중성) + настроение (명사 주격 중성)

6  (В) экзамены (명사 주격 복수) + по всем предметам (명사 여격 복수 / по + 여격: 특정 분야, 과목에 따른)

7  (А) дорогие (형용사 주격 복수) + карандаши (명사 주격 복수)

8  (А) Китайские (형용사 주격 복수) + блюда (명사 주격 복수)

9  (В) русские (형용사 주격 복수) + народные (형용사 주격 복수) + песни (명사 주격 복수)

10  (Г) молодой (형용사 주격 남성) + журналист (명사 주격 남성)

11  (А) маленький (형용사 주격 남성) + ребёнок (명사 주격 남성)

12  (А) русская (형용사 주격 여성) + культура (명사 주격 여성)

## 어휘

1  (А) мебель
   – 우리는 서재에 (넣을) 새 가구를 샀습니다.

2  (Б) посуду
   – 우리 모두가 저녁을 먹은 후에, 엄마가 그릇을 씻었습니다.

3  (В) одежду
   – 따뜻한 옷을 사자! 곧 겨울이야.

4  (А) экзамен
   – 나는 이 시험을 잘 봐야만 합니다.

5  (Б) занятиях
   – 아이들은 수업에서 대화문을 반복합니다.

6  (В) расписание
   – 9월에는 학교에 항상 새 시간표가 있습니다.


## 문법

1  (В) дирижёра (명사 생격 남성) + оркестра (명사 생격 남성)

2  (Б) 소유 형용사 нашего (생격 남성) + нового (형용사 생격 남성) + директора (명사 생격 남성)

3  (А) известных (형용사 생격 복수) + русских (형용사 생격 복수) + художников (명사 생격 복수)

4  (Г) 소유 형용사 моего (생격 남성) + любимого (형용사 생격 남성) + актёра (명사 생격 남성)

5  (В) 소유 형용사 моей (생격 여성) + старшей (형용사 생격 여성) + сестры (명사 생격 여성)

6  (А) 소유 형용사 У нашего (생격 남성 / у + 생격: ~한테) + нового (형용사 생격 남성) + директора (명사 생격 남성)

7  (В) 소유 형용사 У моего (생격 남성) + дедушки (명사 생격 남성)

8  (Г) у Вадима (명사 생격 남성)

9  (Б) у новых (형용사 생격 복수) + студентов (명사 생격 복수)

10 (Г) 소유 형용사 у нашего (생격 남성) + младшего (형용사 생격 남성) + сына (명사 생격 남성)

11 (В) 인칭 대명사 у меня (1인칭 단수 생격)

## 어휘·문법 영역 03

## 어휘

1  (А) вопросов
   – 학생들은 항상 질문이 많습니다.

2  (Б) ответы
   – 친구들은 항상 모든 내 질문에 답변을 해 줍니다.

3  (В) объяснения
   – 선생님이 문법을 설명해 주셨고 칠판에 예시를 썼습니다.

4  (А) факультете
   – 이 학부에는 최고의 강사들과 교수들이 일합니다.

5  (А) факультете
   – 사샤는 무슨 학부에 재학 중이니?
   (Б) курсе
   – 사샤는 몇 학년에 재학 중이니?

6  (В) классе
   – 아이들은 교실에 앉아서 선생님을 기다립니다.

## 문법

1  (Г) интересных (형용사 생격 복수) + книг (명사 생격 복수)

2  (А) картин (명사 생격 복수)

3  (В) свободного (형용사 생격 중성) + времени (명사 생격 중성)

4  (Б) общественного (형용사 생격 남성) + транспорта (명사 생격 남성)

5  (Б) никакого (형용사 생격 중성) + объяснения (명사 생격 중성)

6  (Б) месяца (명사 생격 남성)

7  (Г) компьютерных (형용사 생격 복수) + игр (명사 생격 복수)

8  (В) книжных (형용사 생격 복수) + шкафа (명사 생격 남성)

9  (Г) новых (형용사 생격 복수) + слова (명사 생격 중성)

10 (В) туристов (명사 생격 복수)

11 (Б) времени (명사 생격 중성)

## 어휘·문법 영역 04

### 어휘

1 (А) **живопись**
  – 나는 18세기 러시아 회화(그림)를 공부하고 있습니다.

2 (А) **произведения искусства**
  – 에르미타주에서는 방문객들이 다양한 예술 작품들을 볼 수 있습니다.

3 (В) **искусства**
  – 사람들은 예술의 위대한 힘에 대해서 얘기하는 것을 좋아합니다.

4 (А) **билеты**
  – 알렉세이가 우리를 위해 축구 입장권을 샀습니다.

5 (Б) **кассу**
  – 당신은 계산대(매표소)로 지불해야 합니다.

6 (В) **выступлениях**
  – 이 아티스트는 자신의 공연에서 큰 재능을 보여 줬습니다.


### 문법

1 (Б) **Максима** (명사 생격 남성)

2 (А) **фильма** (명사 생격 남성 / 비교 대상 표현)

3 (А) 인칭 대명사 **у нас** (1인칭 복수 생격 / у + 생격: ~한테)

4 (Г) 재귀 형용사 **для своего** (생격 남성 / для + 생격: ~을 위해) + **младшего** (형용사 생격 남성) + **брата** (명사 생격 남성)

5 (В) **без словаря** (명사 생격 남성 / без + 생격: ~ 없이)

6 (Б) **кроме Светланы** (명사 생격 여성 / кроме + 생격: ~제외하고)

7 (Г) **около кинотеатра** (명사 생격 남성 / около + 생격: ~주변에)

8 (Б) **Напротив школы** (명사 생격 여성 / напротив + 생격: ~맞은편에)

9 (В) 소유 형용사 **мимо нашего** (생격 남성 / мимо: ~지나쳐서) + **дома** (명사 생격 남성)

10 (В) 인칭 대명사 **вокруг него** (3인칭 생격 남성 / вокруг + 생격: ~ 주위로)

11 (А) **до железнодорожного** (형용사 생격 남성 / до + 생격: ~까지) + **вокзала** (명사 생격 남성)

12 (Г) **из Америки** (명사 생격 여성 / из + 생격: ~(안)에서부터)

13 (А) 소유 형용사 **от моего** (생격 남성 / от + 생격: ~쪽에서) + **дома** (명사 생격 남성)

## 어휘

1 (А) комнат
 – 우리 집(아파트)에는 총 5개의 방이 있습니다.

2 (Б) кабинете/ М,О
 – 의사가 이 진료실에서 진찰하고 있습니다.

3 (Б) кабинете / (В) аудитории
 – 학생들이 교실에 / 강의실에 앉아서 유명한 교수님의 강의를 듣고 있습니다.

4 (А) правила
 – 막심은 문법 규칙 외우는 것을 싫어합니다, 그래서 그는 러시아어로 말을 잘 못합니다.

5 (Б) предложения / (В) примеры
 – 아이들이 대화문 문장을 / 예문을 썼습니다.


## 문법

1 (Г) спортсменам (명사 여격 복수)

2 (А) 재귀 형용사 своим (여격 복수) + дедушке (명사 여격 남성) + и (접속사) + бабушке (명사 여격 여성)

3 (Б) 소유 형용사 моим (여격 복수) + родителям (명사 여격 복수)

4 (В) 인칭 대명사 ему (3인칭 여격 남성)

5 (В) 재귀 형용사 своей (여격 여성) + любимой (형용사 여격 여성) + девушке (명사 여격 여성)

6 (Г) 소유 형용사 моей (여격 여성) + старшей (형용사 여격 여성) + сестре (명사 여격 여성)

7 (Б) 인칭 대명사 Ему (3인칭 여격 남성)

8 (Б) Вадиму (명사 여격 남성)

9 (Г) 지시 형용사 Этому (여격 남성) + университету (명사 여격 남성)

10 (В) 소유 형용사 Нашему (여격 남성) + младшему (형용사 여격 남성) + сыну (명사 여격 남성)

11 (Г) 부정 대명사 всем (여격 복수)

12 (А) 인칭 대명사 мне (1인칭 단수 여격)

## 어휘·문법 영역 06

## 어휘

1 (A) на лыжах / (B) на санках
   – 우리 모두는 스키를 / 썰매를 타는 것을 좋아합니다.

2 (A) учителя
   – 이 학교에는 좋은 선생님들이 일합니다.

3 (Б) Ученики
   – 학생들은 공부를 잘 하려고 노력합니다.

4 (B) учёбы
   – 학업 때 (공부를 하면서) 막심은 도서관에서 아르바이트를 합니다.

## 문법

1 (Г) младшим (형용사 여격 복수) + братьям (명사 여격 복수)

2 (Б) 지시 형용사 Этому (여격 남성) + врачу (명사 여격 남성)

3 (A) 지시 형용사 Этой (여격 여성) + молодой (형용사 여격 여성) + девушке (명사 여격 여성)

4 (B) ребёнку (명사 여격 남성)

5 (B) Марии (명사 여격 여성)

6 (Г) 인칭 대명사 к нам (1인칭 복수 여격 / к + 여격: ~쪽으로)

7 (B) 소유 형용사 к моей (여격 여성) + двоюродной (형용사 여격 여성) + сестре (명사 여격 여성)

8 (Б) благодаря другу (명사 여격 남성 / благодаря + 여격: ~ 덕분에)

9 (A) по магазинам (명사 여격 복수 / по + 여격: 여기저기에)

10 (B) по электронной (형용사 여격 여성 / по + 여격: ~을 통해서) + почте (명사 여격 여성)

11 (B) по русскому (형용사 여격 중성 / по + 여격: 분야에 따른) + искусству (명사 여격 중성)

12 (Г) по воскресеньям (형용사 여격 복수 / по + 여격: ~마다)

13 (Г) Детям (명사 여격 복수)

14 (B) к русскому (형용사 여격 남성) + холодному (형용사 여격 남성) + климату (명사 여격 남성)

15 (B) к экзаменам (명사 여격 복수)

## 어휘

1 (А) объявление
 – 입구 앞에 견학 연기에 대한 공지가 걸려 있습니다.

2 (Б) заявление
 – 나는 회사를 그만두기로 결정했습니다. 그래서 사직서(떠나는 것에 대한 요청서)를 썼습니다.

3 (В) сообщение
 – 벌써 9시야! 막심에게 우리가 늦을 거라는 메시지를 써.

4 (А) Больной
 – 환자는 병원에 누워 있어야만 합니다.

5 (Б) учёный
 – 이 학자는 자연을 연구합니다.

6 (А) в столовой
 – 학생들은 보통 식당에서 점심을 먹습니다.

## 문법

1 (В) паспорт (명사 대격 남성)

2 (А) 소유 형용사 нашу (대격 여성) + машину (명사 대격 여성)

3 (Б) Нобелевскую (형용사 대격 여성) + премию (명사 대격 여성)

4 (Б) интересную (형용사 대격 여성) + тему (명사 대격 여성)

5 (А) известных (형용사 대격 복수) + русских (형용사 대격 복수) + художников (명사 대격 복수)

6 (В) 재귀 형용사 своих (대격 복수) + профессоров (명사 대격 복수)

7 (Г) 재귀 형용사 своих (대격 복수) + учеников (명사 대격 복수)

8 (В) в гостиную (형용사 대격 여성 / в + 대격: ~(안)으로)

9 (В) в Московскую (형용사 대격 여성) + консерваторию (명사 대격 여성)

10 (А) на стол (명사 대격 남성 / на + 대격: ~(위)로)

11 (Б) на диван (명사 대격 남성)

12 (В) на практику (명사 대격 여성)

13 (А) за границу (명사 대격 여성 / за + 대격: ~ 너머로)

14 (Г) под письменный стол (명사 대격 남성 / под + 대격: ~ 아래로)

## 어휘

1 (А) **старая** / (В) **старинная**
   – 이 홀에는 오래된 / 예스러운 그림이 걸려 있습니다.

2 (Б) **старший**
   – 내 작은 아들은 학교에 다니고, 반면에 내 큰 아들은 대학교에 다닙니다.

3 (Б) **младший** / (В) **маленький**
   – 내 남동생은 / 어린 동생은 곧 학교에 갑니다.

4 (А) **молодые**
   – 많은 젊은이들은 이 대학교에 입학하려고 노력합니다.

## 문법

1 (В) **В комнату** (명사 대격 여성 / в + 대격: ~(안)으로)

2 (В) **в воскресенье** (명사 대격 중성 / в + 대격: ~요일에)

3 (Б) **на другую** (형용사 대격 여성 / на + 대격: ~(위)로) + **сторону** (명사 대격 여성)

4 (В) **на ужин** (명사 대격 남성 / на + 대격: ~할 때)

5 (В) 의문 부사 **На сколько** (대격 / на + 대격: ~만큼, ~ 정도)

6 (Б) **за город** (명사 대격 남성 / за + 대격: ~ 뒤로, ~ 너머로)

7 (В) **за помощь** (명사 대격 여성 / за + 대격: ~에 대해)

8 (Б) **за год** (명사 대격 남성 / за + 대격: ~ 만에)

9 (В) 소유 형용사 **под мою** (대격 여성 / под + 여성: ~ 아래로) + **кровать** (명사 대격 여성)

10 (А) 수사 **через одну** (대격 여성 / через + 대격: ~ 지나서) + **остановку** (명사 대격 여성)

11 (В) **неделю назад** (명사 대격 여성 / 대격 + назад: ~ 전에)

12 (Б) **на большой** (형용사 대격 남성) + **успех** (명사 대격 남성)

13 (А) **на климат** (명사 대격 남성)

14 (Г) **на доску** (명사 대격 여성)

## 어휘

1  (А) трудные / (В) лёгкие
   – 학생들이 모든 어려운 / 쉬운 문제를 다 풀었습니다.

2  (Б) тяжёлая / (В) лёгкая
   – 나에게는 엄청 무거운 / 가벼운 가방이 있습니다.

3  (А) громкие / (В) тихие
   – 나는 엄청 시끄러운 / 조용한 소리들을 듣고 있습니다.

4  (Б) спокойной
   – 당신에게 평온한 밤 되기를 기원합니다! (안녕히 주무세요!)

## 문법

1  (В) цветными (형용사 조격 복수) + карандашами (명사 조격 복수)

2  (Г) ключом (명사 조격 남성)

3  (Б) острым (형용사 조격 남성) + ножом (명사 조격 남성)

4  (Г) 재귀 형용사 своими (조격 복수) + глазами (명사 조격 복수)

5  (Б) 재귀 형용사 своими (조격 복수) + руками (명사 조격 복수)

6  (В) директором (명사 조격 남성)

7  (В) воспитателем (명사 조격 남성)

8  (Г) библиотекарем (명사 조격 남성)

9  (А) архитектором (명사 조격 남성)

10 (В) артистом (명사 조격 남성)

11 (Г) известным (형용사 조격 남성) + критиком (명사 조격 남성)

12 (Б) юристом (명사 조격 남성)

13 (В) 최상급 형용사 самым (조격 중성) + большим (형용사 조격 중성) + озером (명사 조격 중성)

14 (А) символом (명사 조격 남성)

## 어휘

1 (А) вкусные / (В) полезные
– 이 레스토랑에서는 맛있는 / 몸에 좋은 음식을 요리합니다.

2 (Б) свежие
– 나는 매일 신선한 (갓 나온) 신문을 삽니다.

3 (А) холодный / (В) горячий
– 내 남동생은 차가운 / 뜨거운 커피만 마십니다.

4 (А) холодный / (Б) жаркий
– 오늘은 엄청 추운 / 더운 날입니다.

## 문법

1 (Б) 재귀 형용사 со своими (조격 복수 / с + 조격: ~와 함께) + русскими (형용사 조격 복수)
+ друзьями (명사 조격 복수)

2 (В) с сыром (명사 조격 남성)

3 (Б) между зданиями (명사 조격 복수 / между + 조격: ~ 사이에)

4 (А) 소유 형용사 за нашим (조격 남성 / за + 조격: ~ 뒤에) + домом (명사 조격 남성)

5 (Г) за продуктами (명사 조격 복수 / за + 조격: ~을 목적으로)

6 (Б) над синим (형용사 조격 중성 / над + 조격: ~위에) + морем (명사 조격 중성)

7 (В) 소유 형용사 Перед нашим (조격 남성 / перед + 조격: ~ 앞에) + университетом (명사 조격 남성)

8 (В) перед обедом (명사 조격 남성 / перед + 조격: ~ 전에)

9 (А) плаванием (명사 조격 중성)

10 (Г) компьютерными (형용사 조격 복수) + играми (명사 조격 복수)

11 (Г) русской (형용사 조격 여성) + живописью (명사 조격 여성)

12 (Г) 재귀 형용사 своим (조격 남성) + сыном (명사 조격 남성)

13 (А) перед Максимом (명사 조격 남성)

## 어휘·문법 영역 11

### 어휘

1  (А) Дорогие / (Б) Уважаемые
   – 친애하는 / 존경하는 친구분들! 우리는 우리 극장에서 여러분을 보게 되어 기쁩니다.

2  (В) добрые
   – 좋은 분께(손에게) 강아지를 분양해 드립니다.

3  (А) детском
   – 어린 바냐는 항상 엄마에게 자신의 유치원에 대해서 이야기합니다.

4  (Б) Взрослые / (В) Пожилые
   – 어른들은 / 연로하신 분들은 자주 자신의 어린 시절에 대해 회상하곤 합니다.

### 문법

1  (В) на соседней (형용사 전치격 여성 / на + 전치격: ~(위)에서) + улице (명사 전치격 여성)

2  (Б) в новой (형용사 전치격 여성 / в + 전치격: ~(안)에서) + гостинице (명사 전치격 여성)

3  (А) В небе (명사 전치격 중성)

4  (Г) на собрании (명사 전치격 중성)

5  (Б) на остановке (명사 전치격 여성)

6  (Б) в командировке (명사 전치격 여성)

7  (Б) В детском (형용사 전치격 남성) + саду (명사 전치격 남성)

8  (А) в большом (형용사 전치격 남성) + шкафу (명사 전치격 남성)

9  (Г) На почте (명사 전치격 여성)

10 (Б) 의문 대명사 о чём (전치격 / о + 전치격: ~에 대해서)

11 (В) 지시 형용사 об этом (전치격 남성) + человеке (명사 전치격 남성)

12 (А) о модной (형용사 전치격 여성) + одежде (명사 전치격 여성)

13 (В) 소유 형용사 о нашем (전치격 남성) + учителе (명사 전치격 남성)

14 (А) 부정 대명사 обо всех (전치격 복수) + болезнях (명사 전치격 복수)

## 어휘

1 (A) одинаковые
– 그것들은 모든 것이 동일해. 네가 원하는 것을 가지고 가!

2 (Б) Обычные
– 평범한 아이들은 약 먹는 것을 좋아하지 않습니다.

3 (В) единственный
– 이 사람은 내 남동생의 유일한 아이입니다.

4 (A) Рабочие / (Б) Деловые
– 일하는 / 사무직의 사람들은 항상 열심히 자신의 일을 합니다.

5 (В) выходные
– 주말에 나는 보통 친구들과 만나고 박물관에 갑니다.


## 문법

1 (Б) При Петре (명사 전치격 남성 / при + 전치격: ~ 시절에) + Первом (형용사 전치격 남성)

2 (Г) При желании (명사 전치격 중성 / при + 전치격: ~한다면)

3 (A) При помощи (명사 전치격 여성)

4 (В) 의문 대명사 на чём (전치격 / на + 전치격: ~을 타고)

5 (В) 의문 형용사 На каком (전치격 남성) + автобусе (명사 전치격 남성)

6 (A) на поезде (명사 전치격 남성)

7 (Г) на маршрутном (형용사 전치격 중성) + такси (명사 전치격 중성 / 외래 불변 명사)

8 (Б) В Олимпийских (형용사 전치격 복수) + играх (명사 전치격 복수)

9 (A) 소유 형용사 в моих (전치격 복수) + словах (명사 전치격 복수)

10 (В) о внешности (명사 전치격 여성)

11 (Г) 인칭 대명사 обо мне (1인칭 단수 전치격)

12 (Б) о дорогом (형용사 전치격 남성) + телефоне (명사 전치격 남성)

## 어휘

1  (А) чистая / (Б) грязная
   – 식탁 위에 깨끗한 / 더러운 그릇이 놓여 있습니다.

2  (Б) грязные
   – 손 씻어! 손이 엄청 더러워.

3  (В) сильный
   – 전 세계에서 가장 힘이 센 소년이 손쉽게 자신의 엄마를 들어 올렸습니다.

4  (А) Опытные / (Б) Талантливые / (В) Замечательные
   – 숙련된 / 재능 있는 / 훌륭한 교육자들은 아이들을 잘 기릅니다.


## 문법

1  (А) нелегко (부사 술어)

2  (А) можно (부사 술어)

3  (В) нельзя (부사 술어)

4  (В) было (부사 술어 과거 시제)

5  (В) будет (부사 술어 미래 시제)

6  (Г) прекрасными (형용사 조격 복수) + традициями (명사 조격 복수)

7  (Б) изучением (명사 조격 중성)

8  (Г) 재귀 형용사 на своей (전치격 여성) + немецкой (형용사 전치격 여성) + подруге (명사 전치격 여성)

9  (Б) 의문 대명사 в чём (전치격)

10  (В) такому (형용사 여격 중성) + известию (명사 여격 중성)

11  (А) хорошая (형용사 주격 여성) + машина (명사 주격 여성)

12  (В) к детям (명사 여격 복수)

13  (В) от уроков (명사 생격 복수)

14  (Б) 재귀 형용사 на своего (대격 남성) + дедушку (명사 대격 남성)

## 어휘

1  (А) богатые
   – 이 새로 생긴 비싼 지역에는 부유한 사람들만 살고 있습니다.

2  (Б) бедным
   – 우리는 불쌍한 아이들을 도와줘야 합니다.

3  (В) довольные
   – 우리는 콘서트에서부터 만족해서 도착했습니다.

4  (А) счастливой / (В) весёлой
   – 이 행복한 / 즐거운 가정에는 사랑이 많습니다 (애정이 흘러 넘칩니다).

5  (Б) грустные
   – 우리는 졸업 시험을 통과하지 못했습니다. 그래서 모두가 엄청 우울합니다.

## 문법

1  (А) интересная (형용사 주격 여성)

2  (Б) быстрее (형용사 быстрый 비교급)

3  (Б) старше (형용사 старый 비교급)

4  (Г) 의문 부사 На сколько (대격 / на + 수량 대격: ~만큼, ~정도)

5  (Б) 최상급 형용사 самую (대격 여성) + дорогую (형용사 대격 여성) + матрёшку (명사 대격 여성)

6  (Г) 최상급 형용사 самых (생격 복수) + известных (형용사 생격 복수) + городов (명사 생격 복수)

7  (А) наконец (시간 부사)

8  (А) там (장소 부사)

9  (Б) справа (장소 부사 / где)

10 (Г) прямо (장소 부사 / куда)

11 (А) всегда (빈도 부사)

12 (В) Сколько (수량 의문 부사)

## 어휘

1 (А) **ездить**
  – 우리 아버지는 교외로 (놀러) 다니는 것을 좋아합니다.

2 (Б) **хожу**
  – 나는 항상 직장에 걸어서 다닙니다.

3 (В) **катаются**
  – 겨울에 내 아이들은 자주 스키를 탑니다.

4 (А) **Расскажите**
  – 나에게 자신에 대해서 이야기해 주세요! (자기소개해 주세요!)

5 (Б) **объясняет**
  – 내 형(오빠)은 나에게 자주 러시아어 문법 규칙을 설명해 줍니다.

6 (В) **разговаривали**
  – 젊은이들이 문 옆에 오랫동안 서서 서로 대화를 나누었습니다.


## 문법

1 (А) 지시 형용사 **Эта** (주격 여성) + **пятница** (명사 주격 여성)

2 (А) **Весна** (명사 주격 여성)

3 (Г) **в прошлую** (형용사 대격 여성 / **в** + 대격: ~요일에) + **среду** (명사 대격 여성)

4 (Б) **в час** (명사 대격 남성 / **в** + 대격: ~시에)

5 (Г) **на следующей** (형용사 전치격 여성 / **на** + 전치격: ~주에) + **неделе** (명사 전치격 여성)

6 (Б) **в ноябре** (명사 전치격 남성 / **в** + 전치격: ~월에)

7 (А) 의문 형용사 **в каком** (전치격 남성 / **в** + 전치격: ~년에) + **году** (명사 전치격 남성)

8 (В) **1994 года** (생격 남성 / **тысяча девятьсот девяносто четвёртого года**)

9 (Г) **20 века** (생격 남성 / **двадцатого века**)

10 (Г) **будущей** (형용사 조격 여성 / 조격: ~ 계절에) + **осенью** (명사 조격 여성)

11 (Б) 의문 형용사 **Какого** (생격 중성 / 생격: 며칠에) + **числа** (명사 생격 중성)

12 (А) **6 месяцев** (수사 + 명사 생격 복수 / 시간 대격: ~동안)

13 (Б) **за 3 часа** (수사 + 명사 생격 단수 / **за** + 시간 대격: ~만에)

14 (В) **на минуту** (명사 대격 여성 / **на** + 시간 대격: ~ 예정으로, ~만큼)

## 어휘

1 (А) учится
  – 우리 대학교에는 많은 외국인들이 다니고 있습니다.

2 (Б) научилась
  – 어린 시절에 나는 춤을 잘 추는 법을 배웠습니다.

3 (В) изучают
  – 우리 학부에서 학생들은 언어, 역사, 문학을 배웁니다.

4 (А) занимается
  – 안나는 집에서만 공부합니다.

5 (Б) выучили
  – 아이들이 모든 새로운 단어를 다 외웠습니다.

6 (В) учат
  – 학교에서는 아이들을 읽고 쓰도록 가르칩니다.


## 문법

1 (А) гуляли (НСВ – 지속 / 동사 과거 복수)

2 (Б) убирала (НСВ – 지속 / 동사 과거 여성)

3 (А) работают (НСВ – 지속 / 동사 현재 3인칭 복수)

4 (В) сидели (НСВ – 지속 / 동사 과거 복수)

5 (А) дарит (НСВ – 반복 / 동사 현재 3인칭 단수)

6 (В) спрашиваю (НСВ – 반복 / 동사 현재 1인칭 단수)

7 (В) проверяет (НСВ – 반복 / 동사 현재 3인칭 단수)

8 (Г) смотрел (НСВ – 반복 / 동사 과거 남성)

9 (В) будет проверять (НСВ – 반복 / 동사 미래 3인칭 단수)

10 (Б) встану (СВ – 1회 / 동사 미래 1인칭 단수)

11 (А) поздравили (СВ – 1회 / 동사 과거 복수)

12 (Г) сдал (СВ – 결과 초점 / 동사 과거 남성)

13 (А) закончит (СВ – 완료 / 동사 미래 3인칭 단수)

14 (В) выучила (СВ – 완료 / 동사 과거 여성)

## 어휘·문법 영역 17

### 어휘

1  (А) придётся
   – 내일 우리 시험입니다. 우리는 공부를 열심히 해야 합니다.

2  (Б) удалось
   – 만세! 나는 마침내 내가 좋아하는 배우가 연기하는 영화 표를 사는 데 성공했어요!

3  (В) хочется
   – 어제 나는 늦게 자러 누웠습니다. 나는 엄청 졸립니다.

4  (А) поступила
   – 올해 나의 누나(언니)는 МГУ(모스크바 국립 대학교)에 입학했습니다.

5  (Б) выступать
   – 나는 파티에서 연설하고 싶지 않습니다. 나는 엄청 긴장됩니다.

6  (В) наступит
   – 나는 겨울이 찾아오기를 엄청 기다리고 있습니다. 그리고 나는 스키를 탈 것입니다.

### 문법

1  (В) подарить (СВ – 1회 / 동사 원형)

2  (Б) передать (СВ – 1회 / 동사 원형)

3  (Б) покупать (НСВ – 반복 / 동사 원형)

4  (Г) отдыхать (НСВ – 지속 / 동사 원형)

5  (В) играть (НСВ – 행동 초점 / 동사 원형)

6  (Б) вставать (НСВ – 행동 초점 / 동사 원형)

7  (А) танцевать (НСВ – 행동 초점 / 동사 원형)

8  (Г) говорить (НСВ – 행동 초점 / 동사 원형)

9  (В) работать (НСВ – 행동 초점 / 동사 원형)

10  (В) сказать (СВ – 결과 초점 / 동사 원형)

11  (А) сдать (СВ – 결과 초점 / 동사 원형)

12  (А) нарисовать (СВ – 결과 초점 / 동사 원형)

13  (А) выходить (НСВ – 금지 / 동사 원형)

14  (Б) осмотреть (СВ – 불가능 / 동사 원형)

## 어휘

1 (A) **познакомить**
– 알료나, 나는 너를 미샤와 소개해 주고 싶어.

2 (Б) **познакомимся**
– 여러분, 매우 반갑습니다. 서로 알고 지냅시다! (서로 자기소개 합시다!)

3 (Б) **познакомиться** / (В) **дружить**
– 올랴는 사샤와 엄청 알고 지내고 / 친하게 지내고 싶어 합니다.

4 (A) **здороваться**
– 학생들은 교실에 들어올 때 선생님과 인사를 해야 합니다.

5 (Б) **попрощались**
– 아이들은 서로 작별 인사를 했고 집으로 떠났습니다.

6 (В) **передам**
– 나는 여동생에게 반드시 네 안부를 전해 줄게.

## 문법

1 (В) **Принесите** (СВ – 1회 / 명령문 2인칭 복수)

2 (A) **отдохни** (СВ – 결과 초점 / 명령문 2인칭 단수)

3 (Г) **проверьте** (СВ – 1회 / 명령문 2인칭 복수)

4 (Б) **встань** (СВ – 결과 초점 / 명령문 2인칭 단수)

5 (Б) **Покупайте** (НСВ – 반복 / 명령문 2인칭 복수)

6 (Б) **говорите** (НСВ – 권유 / 명령문 2인칭 복수)

7 (Б) **приходите** (НСВ – 행동 초점 / 명령문 2인칭 복수)

8 (Б) **покупай** (НСВ – 금지 / 명령문 2인칭 복수)

9 (В) **отдыхать** (НСВ – 반복 / 청유 명령문: **давай(те)** + НСВ 동사 원형)

10 (Г) **подумаем** (СВ – 1회 / 청유 명령문: **давай(те)** + СВ 미래 1인칭 복수)

11 (Г) **приносит** (시간절 **Когда** НСВ, НСВ: ~하면서 / 동사 현재 3인칭 단수)

12 (Б) **играли** (시간절 **Когда** НСВ, СВ: ~하던 중에 / 동사 과거 복수)

13 (A) **начал** (시간절 **Когда** СВ, СВ: ~하고 나서 / 동사 과거 남성)

## 어휘·문법 영역 19

## 어휘

1 (А) провожать / (Б) встретить
  – 우리는 친구를 배웅하러 / 마중하러 공항으로 갔습니다.

2 (Б) встретила
  – 나는 영화관으로 가던 중에 세료쟈를 마주쳤습니다.

3 (В) встретилась
  – 어제 마샤는 영화관 근처에서 여자 친구와 만났습니다.

4 (А) остался
  – 우리 모두는 레스토랑에 점심을 먹으러 갔지만, 반면 아빠는 혼자 집에 남아 있었습니다.

5 (Б) оставлю
  – 발로댜는 집에 없습니다. 그래서 나는 메모를 남겨 놓으려고 합니다.

6 (В) остановила
  – 엄마는 걸어가는 것이 힘들었습니다. 그래서 그녀는 택시를 세웠습니다.


## 문법

1 (А) идёте (정태 – 현재 진행 / 동사 현재 2인칭 복수)

2 (А) шёл (정태 – 단일 방향 / 동사 과거 남성)

3 (А) летит (정태 – 지속 / 동사 현재 3인칭 단수)

4 (А) вела (정태 – 단일 방향 / 동사 과거 여성)

5 (А) идём (정태 – 앞으로의 계획 / 동사 현재 1인칭 복수)

6 (А) ехала (정태 – 진행 중 일어난 일 / 동사 과거 여성)

7 (Б) летают (부정태 – 무질서한 방향 / 동사 현재 3인칭 복수)

8 (Б) ездит (부정태 – 일상생활의 반복 / 동사 현재 3인칭 단수)

9 (Б) бегать (부정태 – 행동 초점 / 동사 원형)

10 (Б) плавали (부정태 – 무질서한 방향 / 동사 과거 복수)

11 (Б) носил (부정태 – 과거 왕복 행위 / 동사 과거 남성)

12 (Б) ходить (부정태 – 행동 초점 / 동사 원형)

## 어휘

1  (A) зовут
   – 내 남동생을 이반이라고 부릅니다. (내 남동생 이름은 이반입니다.)

2  (Б) называют
   – 러시아에서는 붉은 광장을 국가의 상징이라고 부릅니다.

3  (В) называется
   – 이 대학교는 'МГУ'라고 불립니다.

4  (A) знаю
   – 저는 이 나라에 대해 조금 알고 있습니다.

5  (Б) могут
   – 아이들은 그런 어려운 주제로 작문을 할 수 없습니다.

6  (В) умеет
   – 아냐는 수영을 잘 할 줄 압니다.

## 문법

1  (A) приехали (при- 도착 / СВ 동사 과거 복수)

2  (Б) приезжают (при- 도착 / НСВ 동사 현재 3인칭 복수)

3  (Б) уехал (у- 떠남 / СВ 동사 과거 남성)

4  (Г) убежала (у- 떠남 / СВ 동사 과거 여성)

5  (A) вошёл (в(о)- 들어감 / СВ 동사 과거 남성)

6  (Б) внёс (в(о)- 들어감 / СВ 동사 과거 남성)

7  (В) вышел (вы- 나감 / СВ 동사 과거 남성)

8  (Б) выводит (вы- 나감 / НСВ 동사 현재 3인칭 단수)

9  (Г) прошла (про- 통과, 지나침 / СВ 동사 과거 여성)

10 (A) проехали (про- 통과, 지나침 / СВ 동사 과거 복수)

11 (Г) переходить (пере- 건넘, 가로지름 / НСВ 동사 원형)

12 (Б) перелетают (пере- 건넘, 가로지름 / НСВ 동사 현재 3인칭 복수)

13 (В) пошла (по- 출발, 시작 / СВ 동사 과거 여성)

14 (Б) объехали (об(о)- 둘러봄, 우회 / НСВ 동사 과거 복수)

15 (В) обошли (об(о)- 둘러봄, 우회 / СВ 동사 과거 복수)

## 어휘

1 (А) спросила
   – 알료나는 나에게 공공 도서관이 어디에 위치하고 있는지를 물어봤습니다.

2 (Б) попросил
   – 나는 친구에게 나를 도와 달라고 부탁했습니다.

3 (В) советует
   – 의사는 항상 아버지께 담배 피우는 것을 그만두라고 (금연하라고) 조언합니다.

4 (А) смотрят
   – 매일 저녁 나의 아이들은 텔레비전으로 만화 영화를 시청합니다.

5 (Б) смотрела
   – 엄마는 오랫동안 나를 쳐다봤고, 후에 나에게 무슨 일이 일어났는지를 물어봤습니다.

6 (В) видит
   – 수술 후에 우리 할아버지는 (눈이) 훨씬 더 잘 보입니다.

## 문법

1 (В) зайду (за- 들름 / СВ 동사 미래 1인칭 단수)

2 (А) зайти (за- 들름 / СВ 동사 원형)

3 (Г) дойти (до- 도달 / СВ 동사 원형)

4 (В) добегают (до- 도달 / НСВ 동사 현재 3인칭 복수)

5 (Б) подошла (под(о)- 접근 / СВ 동사 과거 여성)

6 (Г) подъехала (под(о)- 접근 / СВ 동사 과거 여성)

7 (А) отойди (от(о)- 물러남 / СВ 동사 명령형)

8 (Б) отнесла (от(о)- 물러남 / СВ 동사 과거 여성)

9 (А) идёт (정태 동사 3인칭 단수)

10 (Б) приходит (при- 도착 / НСВ 동사 현재 3인칭 단수)

11 (В) ведёт (정태 동사 3인칭 단수)

12 (Б) ходит (부정태 동사 3인칭 단수)

13 (Б) водишь (부정태 동사 2인칭 단수)

14 (В) плывут (정태 동사 3인칭 복수)

15 (В) повезло (везти 동사의 활용 / СВ 동사 과거 중성)

## 어휘

1  (А) слушают
   – 나의 아이들은 항상 집중해서 동요를 듣습니다.

2  (Б) слышу
   – 한 번 더 반복해 주세요! 나는 당신의 말이 잘 안 들립니다.

3  (В) слышала
   – 엄마는 우리 선생님에 대해서 많이 들었습니다.

4  (А) помню
   – 나는 네 주소를 기억 못 해, 그래서 네가 부탁한 것을 보낼 수가 없어.

5  (Б) вспоминаю
   – 나는 남동생과 함께 어린 시절에 여름을 어떻게 보냈는지 자주 회상합니다.

6  (В) запомните
   – 여러분, 우리가 수업 시간에 함께 암기해 본 모든 단어를 다 외우세요! (기억에 새겨 두세요!)

## 문법

1  (Б) и (접속사 / 인과)

2  (Б) или (대등 접속사 / 혹은)

3  (В) но и (대등 접속사 / не только А, но и Б: А뿐만 아니라 Б도)

4  (А) а (대등 접속사 / 대조, 비교)

5  (В) какие (문장 내 성분이 되는 접속사 / 대격 복수)

6  (Б) каким (문장 내 성분이 되는 접속사 / 여격 복수)

7  (В) с чьим (문장 내 성분이 되는 접속사 / с + 조격 남성)

8  (Б) о чьих (문장 내 성분이 되는 접속사 / о + 전치격 복수)

9  (Г) с которым (관계 대명사 / с + 조격 남성)

10 (Б) которой (관계 대명사 / 조격 여성)

11 (В) которым (관계 대명사 / 조격 남성)

12 (А) который (관계 대명사 / 주격 남성)

13 (Б) где (관계 부사)

## 어휘

1  (А) начинаются
   – 러시아에서 연극은 항상 7시에 시작됩니다.

2  (Б) продолжил
   – 선생님은 쉬는 시간 후에 수업을 계속했습니다.

3  (В) закончил
   – 어제 나는 저녁 10시에 일하는 것을 끝냈습니다. 그래서 집에 늦게 돌아왔습니다.

4  (А) стал
   – 할 게 아무 것도 없어서 아이는 신문을 읽기 시작했습니다.

5  (Б) окончила
   – 내 여자 형제는 МГУ를 졸업했습니다. 그리고 지금은 법조인으로 일하고 있습니다.

6  (В) бросил
   – 이 학자는 시작됐었던 실험을 그만두었고, 연구소를 떠났습니다.

## 문법

1  (А) что (목적 접속사 / 사실 전달)

2  (Б) чтобы (목적 접속사 / 바람, 요청)

3  (Б) чтобы (목적 접속사 / 바람, 요청)

4  (А) если сможет (조건 접속사 / 실현 가능한 조건)

5  (Б) сможет ли (의문 접속사 / 의혹, 의심)

6  (Б) Если бы (조건 접속사 / 실현 불가능한 조건, 과거에 대한 후회)

7  (А) потому что (인과 접속사 / 왜냐하면)

8  (Б) поэтому (인과 접속사 / 그래서)

9  (А) из-за того, что (인과 접속사 / 부정적인 의미)

10  (А) Хотя я окончила лучший университет (양보 접속사)

11  (Б) несмотря на то, что (양보 접속사)

12  (Б) когда (시간 접속사)

13  (В) После того, как (시간 접속사)

14  (А) Как только (시간 접속사)

## 어휘

1  (А) основал / (Б) создал
   – 이 위대한 학자가 새로운 놀랄 만한 이론을 만들었습니다 / 정립했습니다.

2  (В) открыли
   – 이번 달에 새로운 가게를 오픈했습니다 (열었습니다).

3  (А) осматривает
   – 숙련된 의사가 이 진료실에서 진찰하고 있습니다.

4  (Б) рассматривают
   – 심사 위원단이 화가들의 작품을 심사하고 있습니다.

## 문법

1  (А) Уезжая (НСВ 부동사 / 동시 동작)

2  (А) Отвечая (НСВ 부동사 / 동시 동작)

3  (Б) Когда Петя работает, (시간 접속사 Когда НСВ / 동시 동작)

4  (А) Когда дети возвращались с занятий, (시간 접속사 Когда НСВ / 진행 중 일어난 일)

5  (В) бизнесом (명사 조격 남성)

6  (Г) с родителями (명사 조격 복수 / с + 조격: ~와 함께)

7  (А) хорошо отдохнув (СВ 부동사 / 순차 행위)

8  (Б) Написав (СВ 부동사 / 순차 행위)

9  (Б) Вернувшись (СВ 부동사 / 순차 행위)

10 (Б) Прочитав газету, (СВ 부동사 / 순차 행위)

11 (В) детям (명사 여격 복수)

12 (А) 재귀 형용사 свой (대격 남성) + собственный (형용사 대격 남성) + ресторан (명사 대격 남성)

## 어휘·문법 영역 25

### 어휘

1  (А) даёт
   – 엄마는 항상 나에게 유익한 조언을 줍니다.

2  (Б) сдать
   – 이번 주에 책을 도서관으로 반납해야 합니다.

3  (В) Преподавать
   – 언어를 가르치는 것은 매우 어렵습니다.

4  (А) задаю
   – 나는 가끔 친구들에게 이상한 질문을 던지곤 합니다.

5  (Б) передай
   – 쏘냐, 나에게 후추를 전달해 줘.

6  (В) Отдам
   – 착한 강아지를 좋은 분께 내어드립니다 (분양해 드립니다).

### 문법

1  (А) бегающие (능동 형동사 현재 / 주격 복수)

2  (Г) приезжающими (능동 형동사 현재 / 조격 복수)

3  (В) живущему (능동 형동사 현재 / 여격 남성)

4  (А) изучающая (능동 형동사 현재 / 주격 여성)

5  (А) играющим (능동 형동사 현재 / 조격 남성)

6  (Б) 부사 хорошо + знающим (능동 형동사 현재 / 여격 복수) + историю (명사 대격 여성)

7  (А) приехавшие (능동 형동사 과거 / 주격 복수)

8  (Б) выступившей (능동 형동사 과거 / 조격 여성)

9  (В) научившемуся (능동 형동사 과거 / 여격 남성)

10 (А) пригласившими (능동 형동사 과거 / 조격 복수)

11 (Б) любившим (능동 형동사 과거 / 조격 남성)

12 (Б) 부사 плохо + знавшей (능동 형동사 과거 / 여격 여성) + математику (명사 대격 여성)

## 어휘·문법 영역 26

## 어휘

1. **(А) послать / (В) отправить**
   – 우체국에서는 편지를 보낼 수 / 부칠 수 있습니다.

2. **(Б) прислали**
   – 내 친구들이 나에게 잊을 수 없는 선물을 보내 왔습니다.

3. **(А) готовит**
   – 우리 대학교는 좋은 전문가들을 양성하고 있습니다.

4. **(Б) подготовился**
   – 나는 시험 대비를 잘 끝냈습니다, 그래서 꼭 (시험을) 합격할 것입니다.

5. **(В) зарабатывать**
   – 아냐는 학교 졸업 후에 돈을 많이 벌고 싶어 합니다.


## 문법

1. **(А) любимая** (피동 형동사 현재 / 주격 여성)

2. **(Г) уважаемым** (피동 형동사 현재 / 조격 남성)

3. **(А) изучаемых** (피동 형동사 현재 / 생격 보수)

4. **(Б) 부사 часто + покупаемые** (피동 형동사 현재 / 주격 복수) + **на день** (명사 대격 남성 / на + 시간 대격: ~때에) + **рождения** (명사 생격 중성 / 수식)

5. **(А) забытый** (피동 형동사 과거 / 대격 남성)

6. **(В) снятом** (피동 형동사 과거 / 전치격 남성)

7. **(Б) переведённый** (피동 형동사 과거 / 대격 남성)

8. **(Б) приглашённых** (피동 형동사 과거 / 전치격 복수) + **на вечер** (명사 대격 남성 / на + 대격: ~ 장소로)

9. **(Б) построенное** (피동 형동사 과거 / 대격 중성)

10. **(Б) написаны** (피동 형동사 과거 단어미형 / 술어)

1  (А) имя
   – 모스크바 음악원은 차이코프스키의 이름을 차용하고 있습니다.

2  (Б) трудная задача
   – 모스크바의 예스러운 궁전과 사원을 보존하는 것은 어려운 과제입니다.

3  (Б) «мебель»
   – 식탁과 소파를 '가구'점에서 살 수 있습니다.

4  (В) классе
   – 내 남동생은 김나지움(러시아의 학교 중 한 형태) 9학년에 재학 중입니다.

5  (А) произведений
   – 이 박물관에서는 많은 예술 작품을 볼 수 있습니다.

6  (В) кабинете
   – 소아과 의사가 진료실에서 어린 환자들을 진찰하고 있습니다.

7  (А) вопросов
   – 수업에서 학생들은 선생님에게 많은 질문을 합니다.

8  (В) младший
   – 네 남동생은 벌써 학교에 다니니?

9  (А) Молодой
   – 저기요, (젊은이) 여기 어디에 약국이 있는지 말씀해 주실 수 있나요?

10 (Б) полезные
   – 이 채소는 건강에 아주 유익합니다.

11 (В) горячий
   – 조심하세요! 이 수프는 아주 뜨겁습니다.

12 (А) уважаемый
   – 바딤은 자신의 도시에서 존경받는 의사입니다.

13 (А) чистые
   – 바지를 세탁할 필요 없습니다. 그것은 아직 깨끗해요.

14 (Б) бедного
   – 나는 이 불쌍한 아이가 안타까워요. 그래서 자주 그에게 도움을 주고 싶습니다.

15 (В) кататься
   – 내 남동생은 스키 타는 것을 좋아합니다.

16 (Б) изучить
   – 이 문제를 면밀히 연구해야만 합니다.

17 (A) занимаемся
– 나는 까짜와 자주 대학 도서관에서 공부를 합니다.

18 (B) рассказывал
– 사샤는 오래전부터 내 비밀을 알고 있었습니다. 하지만 누구에게도 말하지 않았습니다.

19 (B) выступил
– 이 학생은 컨퍼런스에서 자신의 보고서를 가지고 성공적으로 발표를 했습니다.

20 (Б) оставила
– 나는 돌아가야 합니다. 나는 자동차 열쇠를 집에 놔두고 왔습니다.

21 (A) познакомить
– 선생님은 우리에게 러시아 역사를 소개해 주고 싶어 합니다.

22 (A) может
– 콜랴는 네 질문에 대답을 해 줄 수 없어. 그는 매우 바빠.

23 (A) смотрю
– 나는 내 모습을 거울을 통해 보고 있습니다.

24 (B) назывался
– 예전에 이 대학교는 다르게 불렸습니다.

25 (Б) попросил
– 나는 줴냐한테 나에게 모든 것에 대해 말해 달라고 부탁했습니다.

26 (Б) о фильме (명사 전치격 남성 / о + 전치격: ~에 대해)

27 (Г) 재귀 형용사 своего (대격 남성) + учителя (명사 대격 남성)

28 (В) на столик (명사 대격 남성 / на + 대격: ~(위)로)

29 (А) большого (형용사 생격 남성) + стадиона (명사 생격 남성)

30 (В) прохладной (형용사 여격 여성) + осени (명사 여격 여성)

31 (Б) хороших (형용사 생격 복수) + игрушек (명사 생격 복수)

32 (Б) к экзаменам (명사 여격 복수)

33 (А) красивая (형용사 주격 여성) + кошка (명사 주격 여성)

34 (В) к другу (명사 여격 남성 / к + 여격: ~ 집으로)

35 (Б) 재귀 형용사 со своей (조격 여성 / с + 조격: ~와 함께) + девушкой (명사 조격 여성)

36 (В) спортсмену (명사 여격 남성)

37 (В) острым (형용사 조격 남성) + ножом (명사 조격 남성)

38 (Б) на старшую (형용사 대격 여성) + сестру (명사 대격 여성)

39 (А) в международной (형용사 전치격 여성) + конференции (명사 전치격 여성)

40 (В) 소유 형용사 моему (여격 남성) + отцу (명사 여격 남성)

41 (Б) о красивых (형용사 전치격 복수) + цветах (명사 전치격 복수)

42 (Г) природой (명사 조격 여성)

43 (Б) к русскому (형용사 여격 남성) + холодному (형용사 여격 남성) + климату (명사 여격 남성)

44 (Б) важное (형용사 주격 중성) + событие (명사 주격 중성)

45 (А) за подарок (명사 대격 남성)

46 (Б) современного (형용사 생격 남성) + кинотеатра (명사 생격 남성)

47 (Г) 인칭 대명사 у нас (1인칭 복수 생격)

48 (Б) 재귀 형용사 своих (대격 복수) + учеников (명사 대격 복수)

49 (В) к экзаменам (명사 여격 복수)

50 (В) карандашей (명사 생격 복수)

51 (Б) молодых (형용사 생격 복수) + врача (명사 생격 단수)

52 (В) месяцев (명사 생격 복수)

53 (В) интересных (형용사 생격 복수) + журналов (명사 생격 복수)

54 (Г) новых (형용사 생격 복수) + слова (명사 생격 단수)

55 (Г) незнакомую (형용사 대격 여성) + девушку (명사 대격 여성)

56 (А) по почте (명사 대격 여성 / по + 여격: ~을 통해서)

57 (В) 지시 형용사 Этому (여격 남성) + университету (명사 여격 남성)

58 (В) двоюродного (형용사 생격 남성) + брата (명사 생격 남성)

59 (Г) с подругой (명사 조격 여성 / с + 조격: ~와 함께)

60 (В) классической (형용사 조격 여성) + музыкой (명사 조격 여성)

61 (Г) о политике (명사 전치격 여성 / о + 전치격: ~에 대해서)

62 (Б) 의문 형용사 Каких (생격 복수) + студентов (명사 생격 복수)

63 (Г) 소유 형용사 от моей (여격 여성) + помощи (명사 여격 여성)

64 (Б) 인칭 대명사 тебе (2인칭 단수 여격)

65 (Б) 소유 형용사 моему (여격 남성) + другу (명사 여격 남성)

66 (А) по мировой (형용사 여격 여성 / по + 여격: 분야에 따른) + литературе (명사 여격 여성)

67 (В) талантливыми (형용사 조격 복수) + людьми (명사 조격 복수)

68 (Б) изучением (명사 조격 중성)

69 (В) в прошлом (형용사 전치격 남성 / в + 시간 전치격: ~년에) + году (명사 전치격 남성)

70 (Б) **на следующей** (형용사 전치격 여성 / на + 시간 전치격: ~주에) + **неделе** (명사 전치격 여성)

71 (Б) 지시 형용사 **в этот** (대격 남성 / в + 시간 대격: ~요일에) + **понедельник** (명사 대격 남성)

72 (Б) **за 3 часа** (수사 + 명사 단수 생격 / за + 시간 대격: ~만에)

73 (В) **на неделю** (명사 대격 여성 / на + 시간 대격: ~ 예정으로)

74 (В) **следующей** (형용사 조격 여성) + **осенью** (명사 조격 여성)

75 (В) **25-ого** (서수사 생격 중성) + **декабря** (명사 생격 남성 / 수식)

76 (А) **25-ое** (서수사 주격 중성) + **декабря** (명사 생격 남성)

77 (А) **в воскресенье** (명사 대격 남성)

78 (В) **в 1755-ом** (서수사 전치격 남성) + **году** (명사 전치격 남성)

79 (В) **13-ого** (서수사 생격 중성) + **апреля** (명사 생격 남성)

80 (Б) **понравится** (СВ – 1회 / 동사 미래 3인칭 단수)

81 (Б) **смотрит** (НСВ – 반복 / 동사 현재 3인칭 단수)

82 (Г) **позавтракать** (СВ – 결과 초점 / 동사 원형)

83 (А) **пила** (НСВ – 반복 / 동사 과거 여성)

84 (А) **возьмите** (СВ – 1회 / 동사 명령형)

85 (В) **говори** (НСВ – 금지 / 동사 명령형)

86 (Б) **позавтракаю** (СВ – 순차 행위 / 동사 미래 1인칭 단수)

87 (А) **писал** (НСВ – 지속 / 동사 과거 남성)

88 (В) **перевести** (СВ – 1회 / 동사 원형)

89 (Б) **купить** (СВ – 결과 초점 / 동사 원형)

90 (Б) **выпить** (СВ – 결과 초점 / 동사 원형)

91 (Г) **потратили** (СВ – 완료 / 동사 과거 복수)

92 (Г) **возвращаться** (НСВ – 불필요 / 동사 원형)

93 (Б) **продавали** (НСВ – 행동 초점 / 동사 과거 복수)

94 (А) **смотреть** (НСВ – 행동 초점 / 동사 원형)

95 (В) **переводить** (НСВ – 행동 초점 / 동사 원형)

96 (Б) **помогу** (СВ – 완료 / 동사 미래 1인칭 단수)

97 (А) **выступал** (НСВ – 행동 초점 / 동사 과거 남성)

98 (Б) **встаёт** (НСВ – 반복 / 동사 현재 3인칭 단수)

99 (В) **присылает** (НСВ – 반복 / 동사 현재 3인칭 단수)

100 (Г) приглашу (СВ – 1회 / 동사 미래 1인칭 단수)

101 (Г) научился (СВ – 결과 초점 / 동사 과거 남성)

102 (Б) понравится (СВ – 1회 / 동사 미래 3인칭 단수)

103 (А) нравится (НСВ – 반복 / 동사 현재 3인칭 단수)

104 (А) оставил (СВ – 1회 / 동사 과거 남성)

105 (Б) оставлял (НСВ – 반복 / 동사 과거 남성)

106 (А) Когда отец сделал работу (시간 접속사 Когда СВ / 순차 행위)

107 (Б) Сдав (СВ 부동사 / 순차 행위)

108 (Б) написанное (피동 형동사 과거 / 대격 중성)

109 (Б) работающего (능동 형동사 현재 / 대격 남성)

110 (А) идёшь (정태 – 앞으로의 계획 / 동사 현재 2인칭 단수)

111 (Б) ходишь (부정태 – 일상생활의 반복 / 동사 현재 2인칭 단수)

112 (Б) ездили (부정태 – 과거 왕복 행위 / 동사 과거 복수)

113 (А) ехали (정태 – 진행 중 일어난 일 / 동사 과거 복수)

114 (А) несёт (정태 – 현재 진행 / 동사 현재 3인칭 단수)

115 (Б) носит (부정태 – 일상생활의 반복 / 동사 현재 3인칭 단수)

116 (А) плыли (정태 – 지속 / 동사 과거 복수)

117 (Б) плавали (부정태 – 무질서한 방향 / 동사 과거 복수)

118 (А) лететь (정태 – 단일 방향 / 동사 원형)

119 (Б) летать (부정태 – 행동 초점 / 동사 원형)

120 (А) принесите (при– 도착 / СВ 동사 명령문)

121 (А) выходить (вы– 나감 / НСВ 동사 원형)

122 (В) зайти (за– 들름 / СВ 동사 원형)

123 (А) поедем (по– 시작, 출발 / СВ 동사 1인칭 복수 미래)

124 (А) перешёл (пере– 건넘, 가로지름 / СВ 동사 과거 남성)

125 (А) улетел (у– 떠남 / СВ 동사 과거 남성)

126 (В) пойдём (по– 시작, 출발 / СВ 동사 1인칭 복수 미래)

127 (Б) Приходите (при– 도착 / НСВ 동사 명령문)

128 (А) подходит (под(о)– 접근 / НСВ 동사 현재 3인칭 단수)

129 (В) дойти (до– 도달 / СВ 동사 원형)

130 (А) переехала (пере– 건넘, 가로지름 / СВ 동사 과거 여성)

131 (А) которые (관계 대명사 / 주격 복수)

132 (Б) которых (관계 대명사 / 대격 복수)

133 (А) Вадим дружит с детства (дружить + с 조격: ~와 친하게 지내다)

134 (Б) есть хороший словарь (у + 생격: 소유)

135 (А) кому (문장 내 성분이 되는 접속사 / 여격)

136 (Б) кто (문장 내 성분이 되는 접속사 / 주격)

137 (А) кому (문장 내 성분이 되는 접속사 / 여격)

138 (Б) в чём (문장 내 성분이 되는 접속사 / в + 전치격)

139 (В) о чём (문장 내 성분이 되는 접속사 / о + 전치격)

140 (А) какие (문장 내 성분이 되는 접속사 / 대격 복수)

141 (А) какого (문장 내 성분이 되는 접속사 / 대격 남성)

142 (Б) а (대등 접속사 / 대조, 비교)

143 (А) и (대등 접속사 / 인과)

144 (В) но и (대등 접속사 / не только А, но и Б: А뿐만 아니라 Б도)

145 (Б) или (대등 접속사 / 혹은)

146 (Б) чтобы (목적 접속사 / 바람, 요청)

147 (А) что (목적 접속사 / 사실 전달)

148 (А) что (목적 접속사 / 사실 전달)

149 (Б) чтобы (목적 접속사 / 목적)

150 (А) потому что (인과 접속사 / 왜냐하면)

151 (Б) поэтому (인과 접속사 / 그래서)

152 (А) потому что (인과 접속사 / 왜냐하면)

153 (Б) поэтому (인과 접속사 / 그래서)

154 (А) придёт ли (의문 접속사 / 의혹, 의심)

155 (Б) если придёт (조건 접속사 / 실현 가능한 조건)

156 (А) объяснил ли (의문 접속사 / 의혹, 의심)

157 (Б) если мы учили её (조건 접속사 / 실현 가능한 조건)

158 (А) где (관계 부사)

159 (Б) как (문장 내 성분이 되는 접속사 / 부사)

160 (А) **что** (문장 내 성분이 되는 접속사 / 대격 중성)

161 (Г) **Благодаря, тому что** (인과 접속사 / 긍정적인 의미)

162 (Б) **он не стал музыкантом** (양보 접속사)

163 (В) **Из-за того, что** (인과 접속사 / 부정적인 의미)

164 (В) **Если бы** (조건 접속사 / 실현 불가능한 조건, 과거에 대한 후회)

165 (Б) **я пошла бы с тобой в кино** (조건 접속사 / 실현 불가능한 조건, 과거에 대한 후회)

# МАТРИЦЫ

## Лексика. Грамматика

Имя, фамилия _____ Страна _____ Дата _____

| № | | | | | № | | | | |
|---|---|---|---|---|---|---|---|---|---|
| 1 | А | Б | | | 22 | А | Б | В | |
| 2 | А | Б | | | 23 | А | Б | В | |
| 3 | А | Б | | | 24 | А | Б | В | |
| 4 | А | Б | | | 25 | А | Б | В | |
| 5 | А | Б | | | 26 | А | Б | В | |
| 6 | А | Б | | | 27 | А | Б | В | |
| 7 | А | Б | | | 28 | А | Б | В | |
| 8 | А | Б | | | 29 | А | Б | В | |
| 9 | А | Б | В | | 30 | А | Б | В | |
| 10 | А | Б | В | | 31 | А | Б | В | Г |
| 11 | А | Б | В | | 32 | А | Б | В | Г |
| 12 | А | Б | В | | 33 | А | Б | В | Г |
| 13 | А | Б | В | | 34 | А | Б | В | Г |
| 14 | А | Б | В | | 35 | А | Б | В | Г |
| 15 | А | Б | В | | 36 | А | Б | В | Г |
| 16 | А | Б | В | | 37 | А | Б | В | Г |
| 17 | А | Б | В | | 38 | А | Б | В | Г |
| 18 | А | Б | В | | 39 | А | Б | В | Г |
| 19 | А | Б | В | | 40 | А | Б | В | Г |
| 20 | А | Б | В | | 41 | А | Б | В | Г |
| 21 | А | Б | В | | 42 | А | Б | В | Г |

| | | | | | | | | |
|---|---|---|---|---|---|---|---|---|
| 43 | А | Б | В | Г | 68 | А | Б | В |
| 44 | А | Б | В | Г | 69 | А | Б | В |
| 45 | А | Б | В | Г | 70 | А | Б | В |
| 46 | А | Б | В | Г | 71 | А | Б | В |
| 47 | А | Б | В | Г | 72 | А | Б | В |
| 48 | А | Б | В | Г | 73 | А | Б | В |
| 49 | А | Б | В | Г | 74 | А | Б | В |
| 50 | А | Б | В | Г | 75 | А | Б | В |
| 51 | А | Б | В | Г | 76 | А | Б | В |
| 52 | А | Б | В | Г | 77 | А | Б | В |
| 53 | А | Б | В | Г | 78 | А | Б | В |
| 54 | А | Б | В | Г | 79 | А | Б | В |
| 55 | А | Б | В | Г | 80 | А | Б | В |
| 56 | А | Б | В | Г | 81 | А | Б | В |
| 57 | А | Б | В | | 82 | А | Б | В |
| 58 | А | Б | В | | 83 | А | Б | В |
| 59 | А | Б | В | | 84 | А | Б | В |
| 60 | А | Б | В | | 85 | А | Б | В |
| 61 | А | Б | В | | 86 | А | Б | В |
| 62 | А | Б | В | | 87 | А | Б | В |
| 63 | А | Б | В | | 88 | А | Б | |
| 64 | А | Б | В | | 89 | А | Б | |
| 65 | А | Б | В | | 90 | А | Б | |
| 66 | А | Б | В | | 91 | А | Б | |
| 67 | А | Б | В | | 92 | А | Б | |

| | | | | |
|---|---|---|---|---|
| 93 | А | Б | | |
| 94 | А | Б | | |
| 95 | А | Б | | |
| 96 | А | Б | | |
| 97 | А | Б | | |
| 98 | А | Б | | |
| 99 | А | Б | | |
| 100 | А | Б | | |
| 101 | А | Б | | |
| 102 | А | Б | | |
| 103 | А | Б | | |
| 104 | А | Б | | |
| 105 | А | Б | | |
| 106 | А | Б | | |
| 107 | А | Б | | |
| 108 | А | Б | | |
| 109 | А | Б | | |
| 110 | А | Б | | |
| 111 | А | Б | | |
| 112 | А | Б | | |
| 113 | А | Б | | |
| 114 | А | Б | | |
| 115 | А | Б | | |
| 116 | А | Б | | |
| 117 | А | Б | | |

| | | | | |
|---|---|---|---|---|
| 118 | А | Б | | |
| 119 | А | Б | В | |
| 120 | А | Б | В | |
| 121 | А | Б | В | |
| 122 | А | Б | В | |
| 123 | А | Б | В | |
| 124 | А | Б | В | |
| 125 | А | Б | В | |
| 126 | А | Б | В | |
| 127 | А | Б | В | |
| 128 | А | Б | В | |
| 129 | А | Б | В | Г |
| 130 | А | Б | В | Г |
| 131 | А | Б | В | Г |
| 132 | А | Б | В | Г |
| 133 | А | Б | В | Г |
| 134 | А | Б | В | Г |
| 135 | А | Б | В | Г |
| 136 | А | Б | В | Г |
| 137 | А | Б | В | Г |
| 138 | А | Б | В | Г |
| 139 | А | Б | В | Г |
| 140 | А | Б | В | Г |
| 141 | А | Б | В | Г |
| 142 | А | Б | В | Г |

| | | | | |
|---|---|---|---|---|
| 143 | А | Б | | |
| 144 | А | Б | | |
| 145 | А | Б | | |
| 146 | А | Б | | |
| 147 | А | Б | | |
| 148 | А | Б | | |
| 149 | А | Б | | |
| 150 | А | Б | | |
| 151 | А | Б | | |
| 152 | А | Б | | |
| 153 | А | Б | | |
| 154 | А | Б | | |
| 155 | А | Б | В | |
| 156 | А | Б | В | |
| 157 | А | Б | В | |
| 158 | А | Б | В | |
| 159 | А | Б | В | |
| 160 | А | Б | В | |
| 161 | А | Б | В | |
| 162 | А | Б | В | |
| 163 | А | Б | В | |
| 164 | А | Б | В | |
| 165 | А | Б | В | |

# МАТРИЦЫ

## Лексика. Грамматика

Имя, фамилия _____ Страна _____ Дата _____

| | | | | | | | | | |
|---|---|---|---|---|---|---|---|---|---|
| 1 | А | Б | | | 22 | А | Б | В | |
| 2 | А | Б | | | 23 | А | Б | В | |
| 3 | А | Б | | | 24 | А | Б | В | |
| 4 | А | Б | | | 25 | А | Б | В | |
| 5 | А | Б | | | 26 | А | Б | В | |
| 6 | А | Б | | | 27 | А | Б | В | |
| 7 | А | Б | | | 28 | А | Б | В | |
| 8 | А | Б | | | 29 | А | Б | В | |
| 9 | А | Б | В | | 30 | А | Б | В | |
| 10 | А | Б | В | | 31 | А | Б | В | Г |
| 11 | А | Б | В | | 32 | А | Б | В | Г |
| 12 | А | Б | В | | 33 | А | Б | В | Г |
| 13 | А | Б | В | | 34 | А | Б | В | Г |
| 14 | А | Б | В | | 35 | А | Б | В | Г |
| 15 | А | Б | В | | 36 | А | Б | В | Г |
| 16 | А | Б | В | | 37 | А | Б | В | Г |
| 17 | А | Б | В | | 38 | А | Б | В | Г |
| 18 | А | Б | В | | 39 | А | Б | В | Г |
| 19 | А | Б | В | | 40 | А | Б | В | Г |
| 20 | А | Б | В | | 41 | А | Б | В | Г |
| 21 | А | Б | В | | 42 | А | Б | В | Г |

| | | | | |
|---|---|---|---|---|
| 43 | А | Б | В | Г |
| 44 | А | Б | В | Г |
| 45 | А | Б | В | Г |
| 46 | А | Б | В | Г |
| 47 | А | Б | В | Г |
| 48 | А | Б | В | Г |
| 49 | А | Б | В | Г |
| 50 | А | Б | В | Г |
| 51 | А | Б | В | Г |
| 52 | А | Б | В | Г |
| 53 | А | Б | В | Г |
| 54 | А | Б | В | Г |
| 55 | А | Б | В | Г |
| 56 | А | Б | В | Г |
| 57 | А | Б | В | |
| 58 | А | Б | В | |
| 59 | А | Б | В | |
| 60 | А | Б | В | |
| 61 | А | Б | В | |
| 62 | А | Б | В | |
| 63 | А | Б | В | |
| 64 | А | Б | В | |
| 65 | А | Б | В | |
| 66 | А | Б | В | |
| 67 | А | Б | В | |

| | | | | |
|---|---|---|---|---|
| 68 | А | Б | В | |
| 69 | А | Б | В | |
| 70 | А | Б | В | |
| 71 | А | Б | В | |
| 72 | А | Б | В | |
| 73 | А | Б | В | |
| 74 | А | Б | В | |
| 75 | А | Б | В | |
| 76 | А | Б | В | |
| 77 | А | Б | В | |
| 78 | А | Б | В | |
| 79 | А | Б | В | |
| 80 | А | Б | В | |
| 81 | А | Б | В | |
| 82 | А | Б | В | |
| 83 | А | Б | В | |
| 84 | А | Б | В | |
| 85 | А | Б | В | |
| 86 | А | Б | В | |
| 87 | А | Б | В | |
| 88 | А | Б | | |
| 89 | А | Б | | |
| 90 | А | Б | | |
| 91 | А | Б | | |
| 92 | А | Б | | |

| 93 | А | Б | | |
|-----|---|---|---|---|
| 94 | А | Б | | |
| 95 | А | Б | | |
| 96 | А | Б | | |
| 97 | А | Б | | |
| 98 | А | Б | | |
| 99 | А | Б | | |
| 100 | А | Б | | |
| 101 | А | Б | | |
| 102 | А | Б | | |
| 103 | А | Б | | |
| 104 | А | Б | | |
| 105 | А | Б | | |
| 106 | А | Б | | |
| 107 | А | Б | | |
| 108 | А | Б | | |
| 109 | А | Б | | |
| 110 | А | Б | | |
| 111 | А | Б | | |
| 112 | А | Б | | |
| 113 | А | Б | | |
| 114 | А | Б | | |
| 115 | А | Б | | |
| 116 | А | Б | | |
| 117 | А | Б | | |

| 118 | А | Б | | |
|-----|---|---|---|---|
| 119 | А | Б | В | |
| 120 | А | Б | В | |
| 121 | А | Б | В | |
| 122 | А | Б | В | |
| 123 | А | Б | В | |
| 124 | А | Б | В | |
| 125 | А | Б | В | |
| 126 | А | Б | В | |
| 127 | А | Б | В | |
| 128 | А | Б | В | |
| 129 | А | Б | В | Г |
| 130 | А | Б | В | Г |
| 131 | А | Б | В | Г |
| 132 | А | Б | В | Г |
| 133 | А | Б | В | Г |
| 134 | А | Б | В | Г |
| 135 | А | Б | В | Г |
| 136 | А | Б | В | Г |
| 137 | А | Б | В | Г |
| 138 | А | Б | В | Г |
| 139 | А | Б | В | Г |
| 140 | А | Б | В | Г |
| 141 | А | Б | В | Г |
| 142 | А | Б | В | Г |

| 143 | А | Б |   |   |
|-----|---|---|---|---|
| 144 | А | Б |   |   |
| 145 | А | Б |   |   |
| 146 | А | Б |   |   |
| 147 | А | Б |   |   |
| 148 | А | Б |   |   |
| 149 | А | Б |   |   |
| 150 | А | Б |   |   |
| 151 | А | Б |   |   |
| 152 | А | Б |   |   |
| 153 | А | Б |   |   |
| 154 | А | Б |   |   |
| 155 | А | Б | В |   |
| 156 | А | Б | В |   |
| 157 | А | Б | В |   |
| 158 | А | Б | В |   |
| 159 | А | Б | В |   |
| 160 | А | Б | В |   |
| 161 | А | Б | В |   |
| 162 | А | Б | В |   |
| 163 | А | Б | В |   |
| 164 | А | Б | В |   |
| 165 | А | Б | В |   |